# L'alma
# du Solo
# 2013



Rédacteur en Chef
Gérard Bardon

EDITIONS
CPE

# François Barberousse

## Un écrivain de terroir injustement oublié

**La Sologne, terroir unique où les brumes entretiennent le mystère, où l'eau fumante des étangs force l'imagination et où les petits matins humides ne peuvent qu'inspirer la plume, a tissé au fil du temps une des plus prestigieuses galeries d'écrivains...**

**Admirez plutôt, pêle-mêle, mais en belle compagnie, défilant dans la forêt des livres, Maurice Genevoix et son Raboliot, Alain Fournier et son Grand Meaulnes, Marguerite Audoux et sa Marie-Claire, Eugène Labiche et son village Souvigny, Eugène Sue et ses mystères, Gaston Couté, le p'tit gars, de Meung-sur-Loire, qui a mal tourné, François Villon le poète maudit...**

### François Barberousse, on lui promettait le Goncourt

Il en est un, injustement oublié, peut-être le meilleur, François Barberousse. Fils d'un paysan aisé, il est né à Brinon-sur-Sauldre en 1900, bourgade entre le Berry et la Sologne. Nourri de littérature dès son plus jeune âge, il publie L'Homme Sec (1935) et Les jours aux volets clos (1936) aux éditions Gallimard, deux ouvrages qui rencontrent le succès et font comparer leur auteur à Céline. Ces romans, d'une écriture sans concession, témoignent de la vie rude et de la violence des rapports sociaux dans le monde rural de l'époque.

Comme le dit Gérard Boutet dans l'avant-propos du livre : « La scolarité du garçonnet passa par la communale de La Chapelle-d'Angillon, dont l'institutrice était madame Fournier, la mère de l'auteur du Grand Meaulnes. Il est tentant d'imaginer François Barberousse, usant ses culottes courtes sur les bancs d'une classe où, douze ans plus tôt, le fils de la maîtresse, Henri Alban, avait usé les siennes. À tout le moins, on relèvera là une troublante coïncidence.

L'enseignement de l'école républicaine a éveillé beaucoup de consciences, le fait est indéniable. Toutefois, cela ne fut jamais suffisant pour décider de la vocation d'un écrivain. La principale raison qui lia François Barberousse à l'écriture résulta vraisemblablement de l'intérêt que son père, figure originale, réservait au bonheur de lire. Maître Justin Barberousse, en effet, s'était porté acquéreur de plusieurs « bibliothèques bourgeoises », au gré de successions en déshérence. À la veillée, la maisonnée se rassemblait autour de la lampe à pétrole pour partager, quasi religieusement, la lecture que le patriarche imposait à tous. Le jeune François retira, de ces soirées livresques, un bénéfice considérable. Doté d'une mémoire peu commune, il put ainsi élaborer, selon le témoignage de son petit-fils Pierre Paliard, une « culture buissonnière, faite de passion et de curiosité ».

Dans ces livres François Barberousse brosse un tableau réaliste de cette société terrienne dont il était issu. Un premier ouvrage, L'Homme Sec, fut édité en 1935 par la prestigieuse NRF. Il fut unanimement salué par la critique. La Revue des livres nouveaux affirmait : « Ce roman rappelle par sa crudité le « Voyage au bout de la nuit », mais il lui est à notre avis supérieur par le naturel, la sincérité, l'équilibre et les réflexions qu'il suggère. » Le second livre, « Les jours aux volets clos », parut l'année suivante avec le même succès.

Avec Épis de glane, François Barberousse change de ton. Il nous offre huit contes puisés lors des veillées d'autrefois. Il fait partie de l'héritage que Pierre Paliard, le petit fils de François Barberousse a reçu de son aïeul, certes, mais il participe également à l'enrichissement du patrimoine commun. Le manuscrit en a été récemment retrouvé par Pierre Paliard, le petit-fils de François Barberousse ; un héritage qui enrichit heureusement le patrimoine littéraire de notre région. C'est pour cela que CPE, l'éditeur des terroirs, à Romorantin, l'a publié. François Barberousse confiait avoir recueilli ces contes auprès de sa grand-mère maternelle Solange Gagnepain, née à l'avènement de la monarchie de Juillet. Il les aurait rédigés au début des années trente, dans le souci de restituer ce qu'étaient les mentalités rurales, entre l'occupation prussienne et la Grande Guerre.

Entre tradition orale et anecdotes villageoises, c'est la Sologne d'autrefois qui reprend vie.

# L'Almanach de votre terroir

Terroir… du latin terra, terre, mais aussi territorium, territoire, c'est-à-dire du relativement petit : (terroir) à l'infiniment grand : (la terre), en passant par le juste milieu du territoire… Le terroir, même s'il n'est pas toujours délimité par des frontières matérielles, se défend aussi, comme un territoire. Il se défend d'ailleurs vigoureusement, l'appartenance étant une donnée très forte : défense d'une langue, d'un parlage, de particularités façonnées par les aléas de l'histoire, de façons de vivre communes à un groupe. Il permet à ce groupe de survivre d'abord, mais aussi de transmettre un patrimoine. Le terroir, Terra incognita pour tous ceux qui ont perdu leur nord, leur plus au sud, leur est, leur ouest… en un mot leurs repères ; Terra incognita aussi pour les étrangers, les réfugiés, les exilés, les apatrides… jusqu'au déclic, la révélation que des civilisations éloignées partagent le même inconscient collectif, la même organisation, les mêmes habitudes voire des rituels similaires…

Le terroir n'évite pas toujours les clichés : béret basque et baguette de pain, rosières, bourrées, violons et vielles, vieux conscrits usant leurs velours côtelés sur le banc de bois des places ombragées par les platanes, le menton nonchalamment appuyé sur le pommeau de leur canne… commentant les nouvelles du jour, le dernier match de rugby, le temps qu'il fait ou qu'il fera…

Saviez-vous qu'en lisant l'almanach de votre terroir vous vous inscriviez dans plus de cinq siècles d'histoire ? Le premier exemple d'almanach connu remonte en effet à 1492. Mais il a fallu attendre la fin du XVIIIe siècle pour que le lectorat se développe sous l'impulsion des premières tentatives d'alphabétisation à la campagne. Les almanachs ne faisaient pas seulement office de calendrier, d'éphéméride, ils furent, bien avant Internet, vecteurs des informations les plus diverses : recettes de cuisine et de médecine naturelle, contes, légendes, dictons et anecdotes, ainsi que jeux, blagues et caricatures. Tout cela était réunis en une véritable bible rurale qui servait de calendrier, de pense-bête mais aussi de divertissement aux paysans. Le XIXe siècle fut l'âge d'or des almanachs, la « réclame » s'offrant déjà en pleines pages. Plus de 5 000 almanachs ont été recensés entre le XVIIIe et le XIXe siècle. Avant d'être disponibles chez votre libraire, les almanachs étaient jadis diffusés par les colporteurs, ces marchands ambulants qui proposaient toutes sortes de marchandises aux habitants des villages traversés lors de leurs tournées. Parcourir les pages de cet almanach, dédié aux terroirs de France (44), n'est-ce pas parcourir les champs, les prés et les vignobles ? N'est-ce pas parcourir les landes, les rivières et les marais ? N'est-ce pas parcourir les villes et les villages ?...

Nous fûmes les premiers, en 1992 à relancer la « mode » des almanachs. Notre succès a inspiré nombre d'éditeurs ainsi que de grandes vedettes des médias. Nous en sommes fiers, certes, même si nous aurions pérféré chez certains un peu plus d'imagination !

Parcourir les pages de cet almanach, c'est profiter de l'ombre d'un vieux chêne, du moelleux du foin ou se réchauffer au rayon amical du soleil. C'est se régaler de l'eau fraîche d'une source limpide, d'un vin gouleyant, d'un bol de lait fumant ou d'un fromage crémeux. C'est tout simplement se délecter de la campagne française, de ses charmes et de sa diversité, du Nord à la Bretagne, de l'Alsace à la Corse, du Pays basque à la Provence, de la Normandie à la Franche-Comté...

Parcourir les pages de cet almanach, c'est se promener dans une nature parfois sauvage, trop inconsidérément domestiquée et si mal exploitée. C'est fréquenter les plages battues par les vagues, les chemins droits ou sinueux, les talus, les haies, les petits bois, les grandes forêts... C'est retrouver des femmes et des hommes, submergés par un galopant progrès et cherchant, derrière eux, les marques et les souvenirs d'une époque révolue et pourtant pas si lointaine.

Le monde s'est ouvert, s'est dévoilé, se rétrécissant d'ailleurs du même coup, apportant la peur et l'angoisse de ce qui est vaste, immense. Vouloir être citoyen du monde, c'est formidable pour la recherche de la paix, pour éradiquer toutes formes de racisme et de sectarisme, pour la réduction des disparités sociales, pour une meilleure répartition des richesses... mais pouvoir se retrouver « chez soi », sur la terre de ses parents est aussi nécessaire. S'aviser que le breton, le basque ou l'alsacien sont de véritables langues, ce n'est pas forcément se replier sur soi-même dans un régionalisme outré, mais plutôt se rappeler d'où l'on vient.

Parcourir cet almanach, c'est faire revivre les traditions, les coutumes, les fêtes calendaires et agraires. C'est remonter le temps et l'histoire d'un petit morceau de France. C'est retrouver les saveurs d'un pot-au-feu, d'un petit salé aux lentilles, d'une choucroute, d'une garbure, d'une fondue savoyarde ou bourguignonne, d'une belle bière blonde ou d'un cidre bouché...

C'est remettre ses pas dans les pas de son père, y puiser le présent et fabriquer l'avenir en poursuivant son chemin au gré des vents éternels, regardant impuissant les heures qui s'effilochent en dévorant les nôtres.

**Gérard Bardon**

# 2013

| Janvier | Février | Mars | Avril | Mai | Juin |
|---|---|---|---|---|---|
| 1 M JOUR del'AN | 1 V Ella | 1 V Aubin | 1 L L. de Pâques | 1 M F. du travail | 1 S Justin |
| 2 M Basile | 2 S Présentation | 2 S Charles le B. | 2 M Sandrine | 2 J Boris | 2 D Blandine |
| 3 J Geneviève | 3 D Blaise | 3 D Guénolé | 3 M Richard | 3 V Phil., Jacq. | 3 L Kévin |
| 4 V Odilon | 4 L Véronique | 4 L Casimir | 4 J Isidore | 4 S Sylvain | 4 M Clotilde |
| 5 S Edouard | 5 M Mardi-Gras | 5 M Olive | 5 V Irène | 5 D Judith | 5 M Igor |
| 6 D Epiphanie | 6 M Cendres | 6 M Colette | 6 S Marcellin | 6 L Prudence | 6 J Norbert |
| 7 L Raymond | 7 J Eugénie | 7 J Félicité | 7 D J.-B. de la S. | 7 M Gisèle | 7 V Gilbert |
| 8 M Lucien | 8 V Jacqueline | 8 V Jean de Dieu | 8 L Julie | 8 M Armistice 1945 | 8 S Médard |
| 9 M Alix | 9 S Appoline | 9 S Françoise | 9 M Gauthier | 9 J Ascension | 9 D Diane |
| 10 J Guillaume | 10 D Arnaud | 10 D Vivien | 10 M Fulbert | 10 V Solange | 10 L Landry |
| 11 V Paulin | 11 L N.-D. Lourdes | 11 L Rosine | 11 J Stanislas | 11 S PENTECOTE | 11 M Barnabé |
| 12 S Tatiana | 12 M Félix | 12 M Justine | 12 V Jules | 12 D Jean.-d'Arc | 12 M Guy |
| 13 D Yvette | 13 M Béatrice | 13 M Rodrigue | 13 S Ida | 13 L Rolande | 13 J Antoine de P. |
| 14 L Nina | 14 J Valentin | 14 J Mathilde | 14 D Maxime | 14 M Matthias | 14 V Elisée |
| 15 M Rémi | 15 V Claude | 15 V Louise | 15 L Paterne | 15 M Denise | 15 S Germaine |
| 16 M Marcel | 16 S Julienne | 16 S Victorien | 16 M Benoît-J. | 16 J Honoré | 16 D F. des Pères |
| 17 J Roseline | 17 D Alexis | 17 D Patrice | 17 M Anicet | 17 V Pascal | 17 L Hervé |
| 18 V Prisca | 18 L Bernadette | 18 L Cyrille | 18 J Parfait | 18 S Eric | 18 M Léonce |
| 19 S Marius | 19 M Gabin | 19 M Joseph | 19 V Emma | 19 D Pentecôte | 19 M Romuald |
| 20 D Sébastien | 20 M Aimée | 20 M PRINTEMPS | 20 S Odette | 20 L Bernardin | 20 J Silvère |
| 21 L Agnès | 21 J P. Damien | 21 J Vendredi St | 21 D Anselme | 21 M Constantin | 21 V ETE |
| 22 M Vincent | 22 V Isabelle | 22 V Léa | 22 L Alexandre | 22 M Emile | 22 S Alban |
| 23 M Barnard | 23 S Lazare | 23 S Rameaux | 23 M Georges | 23 J Didier | 23 D Audrey |
| 24 J Fr. de Sales | 24 D Modeste | 24 D Cath. de Suede | 24 M Fidèle | 24 V Donatien | 24 L Jean-Bapt. |
| 25 V Conv. S. Paul | 25 L Roméo | 25 L Annonciation | 25 J Marc | 25 S Sophie | 25 M Prosper |
| 26 S Paul | 26 M Nestor | 26 M Larissa | 26 V Alida | 26 D F. des Mères | 26 M Anthelme |
| 27 D Angèle | 27 M Honorine | 27 M Habib | 27 S Zita | 27 L Augustin | 27 J Fernand |
| 28 L Th. d'Aquin | 28 J Romain | 28 J Gontran | 28 D Jour du Souv. | 28 M Germain | 28 V Irénée |
| 29 M Gildas | | 29 V Gwladys | 29 L Cath. de Si. | 29 M Aymar | 29 S Pierre, Paul |
| 30 M Martine | | 30 S Amédée | 30 M Robert | 30 J Ferdinand | 30 D Martial |
| 31 J Marcelle | | 31 D Pâques | | 31 V Visitation | |

| Juillet | Août | Septembre | Octobre | Novembre | Décembre |
|---|---|---|---|---|---|
| 1 L Thierry | 1 J Alphonse | 1 D Gilles | 1 M Thér. de l'E. | 1 V TOUSSAINT | 1 D Florence |
| 2 M Martinien | 2 V Julien-Eym. | 2 L Ingrid | 2 M Léger | 2 S Défunt | 2 L Viviane |
| 3 M Thomas | 3 S Lydie | 3 M Grégoire | 3 J Gérard | 3 D Hubert | 3 M Xavier |
| 4 J Florent | 4 D J.-M. Vianney | 4 M Rosalie | 4 V Fr. d'Assise | 4 L Charles | 4 M Barbara |
| 5 V Antoine | 5 L Abel | 5 J Raïssa | 5 S Fleur | 5 M Sylvie | 5 J Gérald |
| 6 S Mariette | 6 M Transfiguration | 6 V Bertrand | 6 D Bruno | 6 M Bertille | 6 V Nicolas |
| 7 D Raoul | 7 M Gaétan | 7 S Reine | 7 L Serge | 7 J Carine | 7 S Ambroise |
| 8 L Thibault | 8 J Dominique | 8 D Nativité N.-D. | 8 M Pélagie | 8 V Geoffroy | 8 D Im. Concept. |
| 9 M Amandine | 9 V Amour | 9 L Alain | 9 M Denis | 9 S Théodore | 9 L Pierre Fourier |
| 10 M Ulrich | 10 S Laurent | 10 M Inès | 10 J Ghislain | 10 D Léon | 10 M Romaric |
| 11 J Benoît | 11 D Claire | 11 M Adelphe | 11 V Firmin | 11 L Armistice 1918 | 11 M Daniel |
| 12 V Olivier | 12 L Clarisse | 12 J Apollinaire | 12 S Wilfried | 12 M Christian | 12 J Jean. Fr.-Ch. |
| 13 S Henri, Joël | 13 M Hippolyte | 13 V Aimé | 13 D Géraud | 13 M Brice | 13 V Lucie |
| 14 D FÊTE NAT. | 14 M Evrard | 14 S La Ste Croix | 14 L Juste | 14 J Sidoine | 14 S Odile |
| 15 L Donald | 15 J ASSOMPTION | 15 D Roland | 15 M Thér. d'Avila | 15 V Albert | 15 D Ninon |
| 16 M N-D Mt-Carmel | 16 V Armel | 16 L Edith | 16 M Edwige | 16 S Marguerite | 16 L Alice |
| 17 M Charlotte | 17 S Hyacinthe | 17 M Renaud | 17 J Baudoin | 17 D Elisabeth | 17 M Gaël |
| 18 J Frédéric | 18 D Hélène | 18 M Nadège | 18 V Luc | 18 L Aude | 18 M Gatien |
| 19 V Arsène | 19 L Jean-Eudes | 19 J Emilie | 19 S René | 19 M Tanguy | 19 J Urbain |
| 20 S Marina | 20 M Bernard | 20 V Davy | 20 D Adeline | 20 M Edmond | 20 V Abraham |
| 21 D Victor | 21 M Christophe | 21 S Matthieu | 21 L Céline | 21 J Prés. Marie | 21 S Pierre C. |
| 22 L Marie-Mad. | 22 J Fabrice | 22 D Maurice | 22 M Elodie | 22 V Cécile | 22 D HIVER |
| 23 M Brigitte | 23 V Rose de L. | 23 L AUTOMNE | 23 M Jean de C. | 23 S Christ Roi | 23 L Armand |
| 24 M Christine | 24 S Barthélemy | 24 M Thècle | 24 J Florentin | 24 D Flora | 24 M Adèle |
| 25 J Jacques | 25 D Louis | 25 M Hermann | 25 V Crépin | 25 L Cath. L. | 25 M NOËL |
| 26 V Anne, Joach. | 26 L Natacha | 26 J Côme, Dam. | 26 S Dimitri | 26 M Delphine | 26 J Etienne |
| 27 S Nathalie | 27 M Monique | 27 V Vinc. de P. | 27 D Emeline | 27 M Séverin | 27 V Jean |
| 28 D Samson | 28 M Augustin | 28 S Venceslas | 28 L Simon, Jude | 28 J Jacq. de la M. | 28 S Innocents |
| 29 L Marthe | 29 J Sabine | 29 D Michel | 29 M Narcisse | 29 V Saturnin | 29 D David |
| 30 M Juliette | 30 V Fiacre | 30 L Jérôme | 30 M Bienvenue | 30 S Avent | 30 L Roger |
| 31 M Ignace de L. | 31 S Aristide | | 31 J Quentin | | 31 M Sylvestre |

2013

# Sommaire

Bonne lecture pour 2013

# Maurice Genevoix

Dans un discours prononcé lors de la pose d'une plaque dans sa ville natale Decize, Maurice Genevoix se définit et explique le sens de son œuvre :

« Qui était Maurice Genevoix : Un enfant de Decize, bien sûr ; un garçon qui, lorsqu'il a eu vingt-quatre ans, a été embarqué, avec des centaines et des centaines de milliers de jeunes gens de son âge, dans une aventure tragique, effroyable, dans un long tête à tête avec la mort, celle des hommes jeunes, celle des autres et la sienne propre ; et qui a eu la chance, après avoir saigné et souffert, d'être enfin rendu à la vie, de ressusciter réellement. Et depuis ce jour-là, il n'a cessé de porter en lui le sentiment pathétique de la vie, de la merveille qu'est la vie, de la richesse du monde qui nous est quotidiennement donné. Voilà, je crois, la clé de son œuvre. Si cette œuvre a un sens, si elle a, comme il le souhaite, une vertu de contagion, d'accession à la sensibilité d'autres hommes, ses semblables, c'est là d'abord qu'il faut la chercher. »

Le petit garçon heureux qui découvre les beautés des paysages ligériens, dans le monde protégé de l'avant-guerre possède, déjà en lui, cette faculté d'émerveillement, cette sensibilité aiguë qui le rend réceptif à son environnement, aux humains, comme aux animaux, à la nature qui est généreuse dans ce petit coin de France.

La première enfance, qui joue un rôle déterminant dans l'élaboration de la personnalité, fut ensoleillée de l'amour familial, d'une vie rassurante et bien réglée. On lui apprit, très tôt, à observer, à apprécier les joies simples :

« Pâques, Fête-Dieu, Assomption, Toussaint, Noël, chaque grande fête religieuse s'accompagnait, comme d'un doublet profane, de foires animées et bruyantes où venait déferler la campagne, où les tentes des marchands se mêlaient aux baraques foraines… ».

La société d'avant 14: c'était un monde dur, laborieux, mais, peut-être en définitive, plus heureux… :

« On travaillait beaucoup, on ne plaignait pas sa peine, on n'avait pas toujours un œil fixé sur la pendule, on ne se croyait pas lésé, ni berné, si l'on avait dépassé d'aventure, fût-ce d'une minute, la dose de labeur légale. Mais en revanche, dans une très large mesure, on était maître de ses loisirs. Personne n'était pressé : ou, plus exactement, chacun ou presque pouvait attendre. ».

« Point de congés payés alors. On prenait ses vacances sur place, à l'occasion et à la fantaisie. On était libre, on aimait le plaisir, le choc des verres contre les verres, les remous, l'épaisseur de la foule. A chaque jour suffisait sa peine ; mais c'eût été un mauvais jour, celui où le rire et la joie n'auraient point trouvé leur place. » (Au cadran de mon clocher).

La disparition de sa mère adorée est le premier grand chagrin qui vient ébranler sa jeune vie ; même les trésors de tendresse que déploie sa grand-mère Clotilde ne parviennent pas à refermer la plaie. Il lui faudra attendre de pouvoir écrire des pages sur la chère disparue, la faisant revivre sur le papier pour qu'il puisse enfin se réconcilier avec l'existence : « C'est elle, qui peu à peu, patiemment, tendrement, m'a délivré du désespoir et de la sécheresse de cœur ; qui m'a guidé vers une paix sans oubli, consentement à un monde où la

# du Terroir

mort ne peut rien contre ceux qui se sont aimés. Elle sera là, plus proche que jamais, lorsque, à mon tour, je fermerai les yeux. Elle entendra mon dernier merci. »

Ses lectures, ses amitiés et l'attirance naturelle qui le porte vers le fleuve lui permettent de se construire et d'affirmer sa personnalité.

Les paysages grandioses sont toujours là et s'offrent à lui comme un refuge. Il y puise une inspiration qui se concrétisera plus tard dans ses écrits.

La Loire qui accompagne son adolescence et sa vie d'homme le fascine. Une histoire d'amour se crée peu à peu entre elle et le futur écrivain.

Elle s'invite jusque dans sa chambre : « Ma plume reste en suspens, j'écoute, et mon cœur s'émeut : c'est la Loire, le courant de la Loire qui atteint l'étrave d'une pile, se soulève au musoir de pierre, s'entrouvre en éventail, et passe… Et toute la nuit vivante est là, dans la chambre. Et je sais, je saurai tout à l'heure, à l'instant de céder au glissement du premier sommeil, que le saut d'une ablette à la lune, le long cri d'un courlis sur le Val, ou l'orage silencieux d'une éclosion d'éphémères vont traverser mes rêves et revivre avec mon réveil. C'est ainsi que grandit l'amour. »

Ces lignes montrent bien qu'au-delà de l'admiration pour le fleuve, il y a celle pour la faune qui l'anime, un besoin de contempler, de se sentir mêlé à cette nature, si riche, si diverse que la main de l'homme n'a pas encore altérée, pas encore… (Dans ses derniers ouvrages, il s'indignera de voir son fleuve « empoisonné »).

Et ce bonheur que lui donne la contemplation de la nature, il veut le faire partager à ses contemporains. Il imagine des romans qui y prennent leurs racines. En toile de fond, il y a toujours le fleuve ou la forêt (la ligne bleutée de la Sologne) qu'il aperçoit de Châteauneuf ou de Saint-Denis.

Rémi des Rauches, puis Raboliot qui lui vaut le prix Goncourt, l'enfermeront un temps dans le carcan de l'écrivain régionaliste. Et pourtant, même s'il a célébré la Sologne et les bords de Loire, en devenant leur chantre, au talent inégalable, l'œuvre de Maurice Genevoix ne peut être limitée par cette qualification.

Il écrivit de nombreux ouvrages sur d'autres contrées, sur d'autres sujets.

A travers, ses romans, tous ses romans, ceux qui eurent pour cadre sa région de prédilection, ou d'autres, on retrouve un amour de la vie, des choses simples et belles que la nature offre au regard et qu'il dépeint avec une poésie enchanteresse, et une précision remarquable : « Une fauvette babillarde, dans les acacias du talus, ivre de sa propre chanson, exultait à gorge folle. J'avais envie de chanter moi aussi, à cause de la vieille maison, des chants d'oiseaux, de la lumière et de l'espace immense. Car au pied même du talus la Loire coulait. Le ciel et l'eau étaient du même bleu fleur de lin, un peu plus lumineux sur la Loire que dans le ciel. Sur l'autre rive quelques métairies, un fin clocher, un autre, rappelaient la présence des hommes ; et avec eux le chatoiement des champs, jaune des colzas, rose des sainfoins, vert soleilleux des blés grandissants ; tout cela dans l'harmonie allègre d'un printemps au seuil de l'été. »

Il parle de l'éternel humain, mettant en exergue des défauts, mais aussi et surtout des qualités, comme le courage, l'amitié, l'abnégation dont peuvent faire preuve les êtres, face à l'adversité. Il décrit avec un souci d'exactitude très poussé dans le choix des termes employés, les métiers disparus, les scènes de la vie quotidienne, les coutumes, les détails d'un paysage.

Son œuvre qui nous livre un message d'humanisme passionné et fervent remplit bien le but recherché : cette accession à la sensibilité, ce réveil des sens à la beauté et à la bonté.

Et nul ne saurait mieux rendre hommage au génie et aux qualités de cœur de Maurice Genevoix que Maurice Druon en parlant de l'écrivain et ami disparu : « Intercesseur entre les hommes et la vie… il l'avait été entre les morts et les vivants. Rarement talent aussi doué pour l'indépendance d'esprit et du cœur fut-il pétri d'autant de culture et s'accorda-t-il mieux aux valeurs profondes d'un peuple, d'une nation, d'un terroir ».

**Michèle Dassas**

# Les Recettes Solognotes de ma grand-mère

**Il y a des moments dans la vie de chacun qui marquent le subconscient d'une manière indélébile. Des moments qui reviennent sans cesse. Des moments qui vous tirent un sourire ou une larme. Des moments d'une infinie simplicité, d'une infinie douceur qui feraient rire nos grands penseurs, nos éternels donneurs de leçons. Trésors cachés dans la mémoire, blottis au fond du cœur et qui aident à vieillir.**

**Et souvent ces instants de joie, de bonheur sont associés à une personne, une "grande" personne qui a marqué votre vie, celle qui a fait de votre enfance un bonbon au goût de miel, celle qui vous a permis de passer, sans trop de casse, du monde des gamins à celui des adultes: Grand-Mère, Mémère, Mamie...**

*Gérard Bardon*

Rédacteur en Chef de la collection
Les Recettes de ma grand-mère

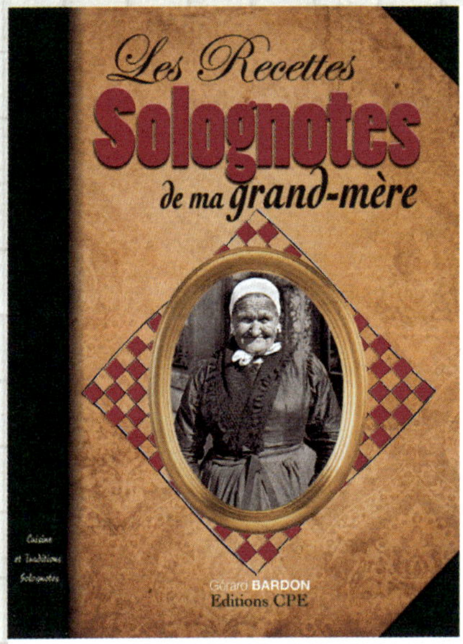


Les recettes que ma grand-mère cuisinait traditionnellement étaient des recettes peu couteuses, qui nécessitaient des ingrédients qu'on pouvait souvent aller cueillir soi-même (champignons, fruits sauvages, mâche...).

C'était une cuisine po-pulaire, ingénieuse où il fallait utiliser les ressources du potager, du verger, de la forêt, une cuisine économique, une cuisine où il ne fallait surtout pas gaspiller.

Ma grand-mère avait le don comme toutes les ménagères de l'époque pour transformer de simples légumes en une délicieuse soupe, pour faire de quelques pommes un succulent dessert.

Sa cuisine était aussi une cuisine de saison, à cette époque pas de tomates ou de fraises à l'année, pas de fromage de chèvre à tout moment du calendrier, il fallait être patient, attendre le bon moment.

Ma grand-mère savait prendre le temps pour cuisiner et satisfaire nos papilles.

*Frédérique Rose*

Directrice de la collection
Les Recettes de ma grand-mère

Les Almanachs
des terroirs de France
c'est comme un peu de terre
qui nous colle aux pieds
CPE
L'éditeur des
ALMANACHS
des terroirs de france
depuis 1993
NOUVEAU CIRQUE
LA CHASSE
au Sanglier
MERCREDIS . JEUDIS . DIMANCHES & FÊTES MATINÉE à 2H ½
SOLOGNE

# Photographies d'hier

"Si vous voulez que votre femme écoute ce que vous dites, dites-le à une autre femme."

**Sacha Guitry**

Capricorne

**Du 22 décembre au 20 janvier**

Verseau

**Du 21 janvier au 19 février**

# Janvier

Balade dans les rues de Romorantin

Proverbe

Il n'est si bonne bête,
Qui n'ait son vice.

# 2013

## Le cortège des douze mois

Voici les douze mois.
Ils marchent trois à trois.
Janvier mène le grand cortège.
Février sur le même rang
A honte d'être si peu grand,
Et Mars fantasque
A le nez mouillé par la bourrasque.
Admirez Avril qui s'avance,
Son bonnet de fleurs se balance.
Mai joyeux lui donne le bras
Vêtu de rose et de lilas,
Et Juin les tempes vermeilles
A des cerises aux oreilles.
Sur le chemin sec juillet trotte,
Il a du foin dans chaque botte.
Août s'en va, couronné de blé
Et par la chaleur accablé.
Septembre porte sur sa tête
La pomme à cidre et la noisette.
Octobre a mis son tablier
Pour imiter les écoliers.
Novembre dans ses maigres bras
Porte un tas de vieux échalas,
Et Décembre ferme la marche
Triste et froid comme un patriarche.

**R.W**

*(*) Récitation qui s'apprenait dans les écoles au début du XXe siècle. Le temps a fait oublier le nom de l'auteur et les véritables vers du mois d'octobre. Poème recueilli en 2002 auprès d'une dame de Vicherey (Vosges) âgée de 92 ans.*

## Janvier

Le premier jour ensoleillé de janvier rejette les attendrissements de décembre. Il y a un petit air nouveau dans les rues qui réveille les passants. Le soleil n'a pas beaucoup de moyens, mais il les met tous dans la balance, et tant de conviction entraîne les populations. Le ciel a le visage propre et frais d'une jouvencelle, et les demoiselles enveloppées dans leurs tissus comme des boutons de rose suggèrent que le printemps et les amours ne sont pas aussi loin qu'on pourrait le croire. Une bébête mal informée s'aventure à une promenade sur les mottes. L'olivier, criblé d'olives noires, comme l'esprit de la campagne, n'a pas d'ombre. Un oisillon, très minoritaire et quelque peu obtus, trouvant des graines à picorer, dit que l'hiver n'est qu'illusion. Moi aussi je ferme les yeux à l'évidence et je pratique le carpe diem, comme les petits vieux assis sur la place et qui attendent l'heure du repas.

**P.V**

Janvier 2013

Notes

Mardi **1er** Janvier
JOUR de l'AN

matin

après-midi

Mercredi **2** Janvier
St BASILE

matin

après-midi

Jeudi **3** Janvier
Ste GENEVIÈVE

matin

après-midi

Vendredi **4** Janvier
St ODILON

matin

après-midi

Samedi **5** Janvier
St EDOUARD

matin

après-midi

Dimanche **6** Janvier
ÉPIPHANIE

matin

après-midi

# Le petit commerce

Au voisinage de ces ateliers débordants d'activité, chaque paroisse possédait plusieurs commerces indispensables à la vie quotidienne. Si les paysans et les villageois d'alors consommaient pour une large part les légumes qu'ils cultivaient et les animaux de basse cour qu'ils élevaient, il était des biens de consommation courante que seul le petit commerce pouvait leur fournir.

Ils rythmaient la vie de nos villages, ces petits commerces qui proposaient un étal varié à une clientèle peu exigeante. Ils s'imbriquaient dans la communauté villageoise, se contentant de peu à une époque où marketing et T.V.A. étaient inconnus. Leur disparition progressive au même titre que l'école et la poste, liée à la désertification des campagnes et au vieillissement de la population a signé la fin de l'autonomie et de l'autarcie de nos bourgs.

Entre 1920 et 1940 chaque bourg a connu une époque florissante où tous les types de commerce étaient représentés, véritable centre de vie attirant la population des hameaux.

Le boulanger au fournil bien avant le lever du jour, le cafetier balayant ses marches au petit matin, l'épicier chargeant sa charrette pour la tournée quotidienne, le boucher affûtant son couteau, une conversation par ci, un air sifflé par là, et la vie s'organisait dans un joyeux brouhaha où chacun avait sa place.

Les moyens de transport encore peu développés ne permettaient pas aux habitants des campagnes de se rendre à la ville pour faire leurs emplettes, ou alors très exceptionnellement. La majorité de leurs besoins étaient satisfaits dans le bourg même, ou achetés dans les foires, ou encore à des marchands ambulants faisant du porte à porte.

Parcimonieuse, la paysanne ne dépensait que pour l'essentiel, s'arrangeant pour produire elle-même fruits, légumes, viande, lait et fromages. Les petits commerçants, à l'image de leurs clients vivaient de peu. A une époque où les gens des campagnes tuaient régulièrement leur cochon, n'achetant de la viande que quelques fois par an (pot au feu du carnaval) le boucher du village arrivait à tenir le coup. Ils avaient parfois plusieurs cordes à leur arc, jumelant épicerie et débit de boisson.

La ménagère se rendait d'une boutique à l'autre, échangeait les nouvelles du jour en achetant son sucre ou son huile et la vie coulait tranquille.

À ces petits commerces, il fallait ajouter les échoppes des artisans qui contribuaient, eux aussi à la vie trépidante de nos communes : hennissements des chevaux attendant d'être ferrés, bruit du marteau sur l'enclume, chuintement de la roue que l'on cercle de fer, éblouissement des premières machines présentées chez les mécaniciens.

**suite page 13**

*Les petits trucs Beauté*

**Pour avoir un teint frais et lumineux :**

*Enduisez-vous le visage d'un blanc d'œuf légèrement battu avec un peu de jus de citron. Gardez le masque 20 minutes puis rincez à l'eau froide. Au quotidien, buvez chaque matin un verre de jus de raisin.*

La recette de Grand-Mère

## Galettes de pommes de terre

*Pour 4 personnes*

**200 g de pommes de terre • 75 g de Selles-sur-Cher non affiné, salé et égoutté depuis environ 4 jours**
**50 g de beurre • 2 Œufs • 200 g de farine • Huile**

Faire cuire les pommes de terre au four dans leur robe.
Prélever leur pulpe et la travailler à la main en lui incorporant d'abord le fromage émietté, le beurre en pommade et 1 jaune d'oeuf, puis la farine. Le bâton obtenu doit avoir la consistance d'une pâte brisée un peu molette. Laisser reposer au moins une heure.
Abaisser à 1 cm d'épaisseur. Découper à l'emporte-pièces 4 ronds d'environ 10 cm de diamètre. Dorer au jaune d'œuf, poser sur plaque légèrement huilée.
Faire cuire 20 minutes à four moyen.

Très tôt, ces petits commerçants avaient compris que pour vendre, il ne fallait pas attendre le client, mais aller vers lui, d'où l'habitude des tournées dans les hameaux.

Le Caïffa avec son attelage de chiens passait de maison en maison, proposer café, chocolat ou autres denrées indispensables. D'autres épiciers utilisaient une charrette tirée par un cheval, annonçant leur arrivée en soufflant dans une corne qui ameutait les femmes.

L'huile gardée dans un tonneau venait remplir les bouteilles, le sucre vendu en barres, les harengs salés entassés dans le sel se répartissaient entre les clientes.

À partir des années 60, ces personnages clés de nos bourgs ont peu à peu fermé leur porte, l'âge de la retraite venant, sans successeur.

Alors les municipalités ont racheté le dernier commerce, pour garder un service minimum où l'on trouve du pain et un peu d'épicerie, mais les difficultés sont grandissantes pour ceux qui restent et on peut se demander s'ils ne seront pas bientôt "les gardiens des ruines" pour reprendre le titre d'un roman de Michel Peyramaure. ■

**G.B**

Le saviez-vous ?

## Les jumeaux

*A un degré moindre les jumeaux, ou "Bessons", étaient considérés comme des êtres un peu différents. On disait que des liens secrets les unissaient, ce que l'un pensait l'autre le pensait, ce que l'un ressentait l'autre le ressentait, et que les deux se suivaient dans la mort. On trouve une très belle illustration d'une destinée de "bessons" dans le roman de George Sand : "François le Champi".*

# Janvier 2013

Lundi **7** Janvier
St RAYMOND

matin

après-midi

Mardi **8** Janvier
St LUCIEN

matin

après-midi

Mercredi **9** Janvier
St ALIX

matin

après-midi

Jeudi **10** Janvier
St GUILLAUME

matin

après-midi

Vendredi **11** Janvier
St PAULIN

matin

après-midi

Samedi **12** Janvier
Ste TATIANA

matin

après-midi

Dimanche **13** Janvier
Ste YVETTE

matin

après-midi

Lundi 14 Janvier
Ste NINA

matin

après-midi

Mardi 15 Janvier
St RÉMI

matin

après-midi

Mercredi 16 Janvier
St MARCEL

matin

après-midi

Jeudi 17 Janvier
Ste ROSELINE

matin

après-midi

Vendredi 18 Janvier
Ste PRISCA

matin

après-midi

Samedi 19 Janvier
St MARIUS

matin

après-midi

Dimanche 20 Janvier
St SÉBASTIEN

matin

après-midi

# Le bois de mines autrefois...

Le pin maritime à l'aube du XXe siècle était acheminé vers la capitale sous forme de "falourdes", fagots de bois de 1,74 m de long et de 75 cm de circonférence pour alimenter les fours des boulangers parisiens. Après le terrible hiver de 1879/80, l'emploi plus fréquent de combustibles minéraux dans les fours de boulangerie et la baisse du prix du gaz, ce débouché s'estompe au profit des bois de mines.

"Nous continuons à être satisfaits des bois de mines provenant de Sologne, où nous avons à faire à des fournisseurs sérieux, et nos acquisitions dans cette région se sont augmentées cette année, pour atteindre un total de 7 500 mètres cube (...). Vous voyez cher monsieur, que de notre côté, nous ne négligeons pas votre Sologne, puisque sur une consommation totale annuelle de 25 à 50 000 mètres cube de bois de mine en résineux, nous lui en demandons environ le quart". Ce courrier, publié dans les annales du Comité central agricole de Sologne en 1904, de Monsieur Sandino, directeur des mines de Blanzy à Maurice Jarry, membre du comité dénote toute l'importance du bois de mines dans les débouchés sylvicoles de la région. Une autre lettre de 1904 adressée au président Boucard par l'ingénieur Waymel, chargé du service des approvisionnements explique "Depuis quatre ans, les pineraies de Sologne se sont beaucoup développées ; leur valeur sur pied a presque doublé, sous la double influence de l'augmentation du cubage et de la proportion plus importante des gros bois payés plus cher par les mines. La qualité des bois de Sologne est très appréciée, leur préparation est bien faite. Aussi, nous demandons qu'à développer nos relations avec cette région d'avenir".

Depuis le début du siècle, la Sologne fournissait en bois de mines toutes les industries du Nord et de l'Est de la France. En priorité en pin sylvestre car le laricio était moins recherché par les sociétés exploitant les mines (bois lourd et craquant facilement)

La différence de prix est peu élevée entre le mètre cube de bois de mines (35 F) et le mètre cube de bois d'œuvre (50 F). Avec un grand avantage tout de même : le bois de mine a une révolution plus courte et peut être exploité plus rapidement soit une rentabilité plus inté-

suite page 15

## Les petits trucs Beauté

### Un soin express bonne mine :

*Appliquez sur votre visage une cuillerée à soupe de miel bio mélangée à quelques gouttes de jus de citron. Cela favorise la réhydratation et donne à votre peau un petit coup de fouet. Après un rinçage à l'eau tiède, vous retrouvez une peau de pêche.bouteilles.*

*La recette de Grand-Mère*

## Salade de pâtes au chèvre de Sologne

**Pour 6 personnes**

**350 g de pâtes • 600 g de tomates • 2 chèvres de Sologne
1 pincée de marjolaine • 6 cuillerées à soupe d'huile d'olive
1 cuillerée à soupe de vinaigre de vin • 1 petite cuillère de moutarde
Quelques feuilles de basilic • Sel et poivre**

Faire bouillir 2 grandes casseroles d'eau, l'une pour les pâtes l'autre pour ébouillanter les tomates.
Peler les tomates, les partager en deux pour retirer les pépins. Découper la chair en petits dés et laisser dans une passoire.
Faire cuire les pâtes dans l'eau bouillante salée ou vous aurez ajouté un peu d'huile pour empêcher les pâtes de coller, pendant une douzaine de minutes.
Pendant ce temps préparer votre sauce dans un saladier, avec la moutarde, le sel, le vinaigre, la marjolaine, le poivre et l'huile d'olive.
Découper les fromages de chèvre en lamelles et les ajouter à la sauce. Verser ensuite les pâtes bien égouttées et mettre les dés de tomates.
Mélanger et décorer avec les feuilles de basilic, servir tiède.

ressante. La demande en bois de mine a duré jusqu'en 1950 environ. Peu à peu, un nouveau débouché prend de l'ampleur : les poteaux destinés au téléphone.

En 1963, la demande se fait pressante afin de renouveler le parc de poteaux. Dans les années qui vont suivre, le développement du téléphone engendre de besoins importants en poteaux de pin.

Aujourd'hui, ce débouché s'estompe et de nouveaux besoins en bois se font sentir. ■

*Le saviez-vous ?*

## Le garçon roi

*La "bonne" mère qui accouchait d'un gars se voyait réconfortée par une bonne "rôtie au vin", l'accoucheuse de fille se contentait d'une fade soupe au lait.*

*L'enfant mâle donc, était pivilégié. Mais parmi eux, certains jouissaient d'un statut encore plus extraordinaire: les "Marcous". On surnommaient ainsi le septième d'une lignée de garçons. Il était réputé disposer de pouvoirs surnaturels comme guérir les maladies, celles des humains et celles du bétail. Il était une sorte de sorcier, un "panseux de secret" plutôt bénéfique, et non point un "j'teux de sort" dangereux pour ses congénères. Planait sur lui la bénédiction de saint Marc, qui lui-même aurait été le septième d'une lignée de garçons.*

**Janvier 2013**

Lundi **21** Janvier
**Ste AGNÈS**

matin

après-midi

Mardi **22** Janvier
**St VINCENT**

matin

après-midi

Mercredi **23** Janvier
**St BARNARD**

matin

après-midi

Jeudi **24** Janvier
**St FR. DE SALES**

matin

après-midi

Vendredi **25** Janvier
**CONV. St PAUL**

matin

après-midi

Samedi **26** Janvier
**Ste PAULE**

matin

après-midi

Dimanche **27** Janvier
**Ste ANGÈLE**

matin

après-midi

Lundi **28** Janvier
St THOMAS D'AQUIN

matin

après-midi

Mardi **29** Janvier
St GILDAS

matin

après-midi

Mercredi **30** Janvier
Ste MARTINE

matin

après-midi

Jeudi **31** Janvier
Ste MARCELLE

matin

après-midi

Conte d'Hier...

## Le Petit Chaperon rouge (1)

Il était une fois une petite fille de village à qui sa mère avait fait faire un petit Chaperon rouge, qui lui allait si bien, que partout on l'appelait le petit Chaperon rouge.

(Suite page 22)

# En voiture...

L'automobile, elle , va amener la liberté de déplacement et supplanter le rail. Orléans fut l'un des berceaux de l'automobile. En 1898 naît, grâce aux familles Delaugère et Clayette, un célèbre "bouchon de radiateur", à l'effigie de Jeanne d'Arc, qui eut pendant trente-cinq ans la réputation de celui des Rolls-Royce d'aujourd'hui.

Les "Delaugère", en 1898, avaient déjà une grande réputation dans la réalisation de carrosseries de véhicules hippomobiles, dans leurs ateliers situés rue d'Illiers. Toujours à la recherche de techniques nouvelles, ils s'intéressèrent aux véhicules, devenus depuis peu automobiles en créant leur première petite voiturette à trois roues, propulsée par un moteur mono cylindre. Elle fut présentée à la première exposition automobile de cette même année. En 1900, ils lancèrent une voiture légère à 4 roues, équipées d'un moteur "De Dion-Bouton" à allumage électrique à trois vitesses. Elle remporta la médaille d'argent à l'exposition de l'année.

Forts de ce succès, en 1902, la gamme s'étend très rapidement et l'on passe de la fabrication artisanale à la fabrication industrielle. Les carrosseries sont toujours créées rue d'Illiers mais la partie mécanique est confiée aux établissements Clayette de Meung-sur-Loire.

Dès 1904 une société en nom collectif voit le jour, où figurent: Félix et Emile Delaugère, créateurs de la marque et Maurice Clayette. Tous les ateliers sont regroupés Faubourg Madeleine à Orléans (ils resteront à vocation automobile jusqu'en 1973, où se succéderont Panhard et Levassor puis Citroën, à l'endroit où se trouve actuellement la résidence Beaumont). En 1906, allant toujours de l'avant, la jeune société se transformera en commandite par actions sous l'enseigne de : "Ets Delaugère, Clayette et Cie" avec un capital de 1.500.000F, colossal pour l'époque.

Époque bénie que cette époque où le client, après avoir choisi son moteur, s'installait dans un fauteuil, devant un tableau noir où œuvrait, sous sa dictée, le dessinateur de la société.

La carrosserie était dessinée sur mesure, au goût du client et à l'exemplaire unique. Ainsi un célèbre Agent de Change d'Orléans imposait qu'il puisse se tenir debout, avec son "haut de forme", dans toutes ses voitures. Le "désigner", comme on dit maintenant, devait créer une carrosserie élégante à partir de cette hauteur imposante.

suite page 16

Remède d'autrefois, déconseillé...

### Incontinence d'urine :

*Manger une souris rôtie ; — ou la membrane intérieure de l'estomac de poule ; — ou la peau avec le poil d'une taupe séchée et pulvérisée. — Cataplasme de vessie de porc réduite en poudre.*

...pour les malades d'aujourd'hui !

Un autre client, non moins réputé, châtelain de Sologne, voulait que toutes les vitres de ses voitures soient en verre biseauté comme les miroirs de ses salons. Inutile de préciser, que pour l'époque, les "Delaugère" étaient des voitures chères, mais la clientèle, heureux temps, était relativement nombreuse.

En 1907 sortit le premier catalogue de la marque. Luxueux, comme il se devait, illustré par Ratel, il comportait 24 pages et présentait, l'usine d'Orléans ainsi que tous les modèles. La dernière page était frappée du célèbre écusson de la marque: la statue équestre de Jeanne d'Arc sur fond bleu.

Les prix des différents modèles proposés variaient entre 5.900F pour le plus simple à 15.000F pour le plus élaboré. Ces prix s'entendaient, permis de conduire compris. En effet le client avait droit, en achetant une voiture, aux cours d'apprentissage de conduite.

Dans les années 1910, la firme étend son service commercial. Elle est présente dans tous les salons, et fait de la publicité dans pratiquement toutes les revues de l'époque. Ses catalogues respirent le luxe et elle ouvre un superbe magasin parisien au 98 de l'avenue Kléber.

Puis la concurrence arrivera, les grèves aussi, avec la naissance des syndicats, les "grands" de l'auto prennent le contrôle du marché. Panhard rachète "Delaugère et Clayette" en 1934. C'est de l'usine d'Orléans que sortiront en 1948 les célèbres "Dynavia" qui s'illustreront dans tant de rallyes et courses sportives. C'est cette petite voiture sportive qui arrive un jour à Romorantin sous la conduite d'un homme entreprenant: René Bonnet. Il s'installera dans les anciennes usines Normant et créera sa propre marque. Lui aussi sera absorbé par une marque, aujourd'hui disparue: Matra!

Le développement de l'automobile, et de ses dérivés les autocars allaient, juste avant la deuxième guerre mondiale condamner les tramways et développé le réseau routier en Sologne. Le "tout route" devint la règle. Le parc automobile en France était de 680 000 véhicules en 1944. Il est de 31 270 000 aujourd'hui. 80% des ménages français sont motorisés.

On commence d'ailleurs à le regretter lorsque l'on voit le degré de saturation atteint sur les routes et dans les villes. Orléans a même décidé de reconstruire un tramway urbain traversant la ville du nord au sud.

Les problèmes de circulation urbaine, les difficultés de stationnement, la pollution... voilà autant de tares attribuées à l'automobile. Et ont proliféré, les parkings, les sens interdits, les sens obligatoires, les "run about" (ronds-points modernes) remplaçant les feux tricolores...

Avant l'arrivée des autoroutes, la Sologne était traversée de seulement deux grands axes routiers: la route nationale 20 Orléans-Vierzon et la RN 76 Bourges-Tours, d'un axe routier secondaire la D 765 Romorantin-Blois via Mur-de-Sologne et des lignes SNCF, Paris-Toulouse, avec à Salbris une correspondance avec la B.A pour rejoindre Romorantin et Valençay via Gièvres, et Tours-Vierzon.

La fin du XXème siècle a vu, enfin pour certains, et inacceptable pour les autres, deux autoroutes desservir la Sologne. Dans le sens nord-sud avec l'axe Orléans - Vierzon - Bourges (trafic moyen journalier en 1996 entre 10 000 et 25 000 véhicules), cet axe majeur met la Sologne à 1h30 de Paris, et pour 2002 dans le sens est-ouest, avec l'axe Vierzon - Romorantin -Tours. ■

G.B

## Métier d'autrefois

**Le bûcheron au pied de son arbre. On le voit dégager les broussailles et les pierres qui pourraient le gêner dans ses différentes manœuvres. Ces précautions ne sont pas vaines. Il entreprend ensuite l'entaillage de l'arbre qu'il exécute presque au ras du sol.**

# L'mulet

D'tous temps, j'ons vu des pôves malhéreux, soué qui t'ins ch'tits, pas ben faits, pas riches ou pas dégourdis et j'ons vu aussit, ben souvent, ceusse qui s'croyent des malins et qui profitint, pour se douner d'l'importance, des pu faibes pour les faient passer pour ben pu ridicules ou bêtes qui l'étaint.

J'vas vous raconter eune histouère que j'ai entendu dise à mon père qui l'a t'nait d'son grand pée.

C'a t'est au temps ou les pu courageux ou débrouillards y l'asseyint de défricher et d'cultiver d'la tare. Pour y enriver, l'aide d'un ch'val ou d'une âne était nécessaire et ceusse qu'en possédaint étaint enviés par les autes. On parlait même d'eune nouvelle espèce de ch'val, ben pu forte, ben pu dure et ben moins fragile ça s'app'lait des mulets.

Le jeune Auguste argardait du matin au souer ses vouesins très occupés à piocher, à labourer et bentout la tare à s'rait prête à ête ens'mencée et s'demandait ben c'qui l'allaint s'mer. Auguste, ç'atait un gars pas ben fort, pas ben malin mais plein d''bounes volontés et l'idée de fait coume les autes le préoccupait, aussi, les bruits qui courint su cette nouvelle race de mulet l'intéressait et d'mandait des renseignements à tout l'monde.

Il apprit don qu'ces bêtes là ç'ataint pas fait coumes les autes : ça n'se reproduisait pas. Ça l'tracassait et s'demandait ben coumenf c'qui pouvait ben fait pour en avouer de l'ancête.

Son pu proche vouesin, l'grand Prosper, avait s'mé pour la première fouée dans l'pays, un produit nouviau, ç'atait des citrouilles.

Nout'Auguste, autant curieux qu'bêta avait armarqué ces affaies inconnues, ben rondes, ben jaunes, ben luisantes et s'décida, un jour, à d'mandé à Prosper c'que ç'atait.

L'Prosper, sachant que l'mode de reproduction des mulets intéressait nout'gus, y y dit : eh ben, mon gars, ça, c'est des œufs mulets et même pisque j'te connais et qu'tait pas un mauvais drôle j'vas t'en douner un, tu prenras çui qu'tu vouras ; y faura qu'tu l'mète couver pendant 31 jours, ben au chaud, et surtout y faut jamais qu'ça r'fardisse.

Nout' gus en chouesi eune, la plus belle du champs et la ram'na cheux lui.

Tout ça c'est ben biau, mais ben au chaud pendant 31 jours, comment ? ou don ? eune si grousse affaie.

Eune idée y'est m'nue, coume y m'nait d'se marier, sa femme au milieu des couettes, a pourrait ben fait ça et pi après tout ça t'est qu'pendant 31 jours.

Sa femme, tout héreuse d'y fait plaisir et surtout de s'rende utile n'perdit point de temps et aussitôt s'mait au lit.

Ah ! qu'c'est biau l'espouer ! pendant 31 jours, a l'a jamais quitté son nid, lui y lui apportent à manger 7 à 8 fouées par jour. Y travaillait ben pu fort mais y r'venait toujou à la maison pour y d'mander qi a manquait d'ren. Ah ! ça s'rait don bentout qui l'allaint êtes recompensés et d'avouer une bête, ben à eux, pour eux, tous ceux.

Au 30ème jour, y r'gardèrent d'ben pu prés et l'recachèrent ben vite, tout contents ça commençait à molli ça l'allait ête pour le lendemain.

L'lend'main : ren ! l'surlend'main : ren ! Nout'couasseuse d'occasion coummença à parde patience et pensa qu'leu y d'vait pas été bon d'autant pu qu'la citrouille a commençait à pourri et qu'a s'affouassait.

Nout'gus aurait ben voulu qu'a patiente encor' mais, a l'a jamais ren voulu entend'e, aussi l'34ème jour, en malice, il empogna la citrouille, l'a sorti, et alla la jeter dans eune boucht'tue, darriée la maison, d'toutes ses forces. La Chute fit un tel bruit qu'un grand lieuve, baugé dans une bouillée d'aronces détala à toute vitesse ... Nout'gus avait ben vu une bête en traveurs les épines mais n'avait pas r'connu qu'çatait un lieuve, aussit, y s'en vint ben vite à la maison en braillant, en crâillant à sa femme « tu voué si t'avais attendu un jour de pu on l'aurait nout'mulet, y t'ait tout prêt à éclaude et y vint d's'ensauver ».

C'est coume ça que les ceusse qui s'croué malins y l'abuse et s'amuse de ceusse qui paraissent moins qu'eux.

Faut pourtant, ben savouer, que traiter, ou faire passer les autes de berlauds,

C'est pas suffisant...

Pour ête intelligent.

**Roger Blanchard**

Carnet de notes de Papounet le jardinier

# Du jardin d'hier...

## Le Poireau

En février faire un semis pas trop épais pour permettre aux plants de grossir sans se gêner. Ne pas trop recouvrir les graines et maintenir une humidité durant la levée. Les plants seront bons à repiquer dès qu'ils auront la grosseur d'un crayon et cela en principe fin juin. Habiller les poireaux en coupant le bout des racines et l'extrémité des feuilles. Une bonne fumure de fond, à base de compost de fumier bovin bien décomposé, sera faite au moment de la préparation du terrain. Préparer les sillons, puis repiquer les plants tous les 15 cm espacés de 30 cm entre les rangs. Tasser légèrement au pied et arroser copieusement. Garder une bonne humidité et butter progressivement après une bonne reprise pour augmenter le « blanc ». La récolte commence 4 mois après le repiquage se prolongeant tout l'hiver.

*Dans la marmite*

### Gratin de poireaux aux lardons

8 beaux poireaux • 3 oignons
400 g de lardons • 100 g de gruyère râpé
60 g de beurre • Sel fin • Poivre du moulin

***Préparer et couper les poireaux en tronçons de 1 cm environ puis les cuire 20 minutes à la vapeur. Pendant ce temps, faire revenir au beurre les lardons et les oignons émincés dans un sautoir. Égoutter les poireaux, les ajouter aux lardons et aux oignons, bien mélanger et mettre dans un plat en terre. Saupoudrer avec le gruyère râpé et faire gratiner 10 minutes au four th 7.***

## Le Marron

Le marron, fruit comestible du châtaignier, ne doit pas être confondu avec le marron d'Inde, graine toxique du marronnier d'Inde, que l'on appelle aussi couramment marron. Les châtaigniers sont cultivés en forêt ou dans des vergers, parfois dans des parcs. Les marronniers sont des arbres originaires des Balkans, qui supportent les plantations urbaines ou routières : les marrons que l'on peut trouver en ville sont donc très souvent des marrons d'Inde. Le marron d'Inde a probablement été nommé par analogie au marron comestible, on ne peut donc pas parler d'abus de langage lorsque l'on utilise ce nom plutôt que « châtaigne ».

***Un bon outil :***

## La Serpette

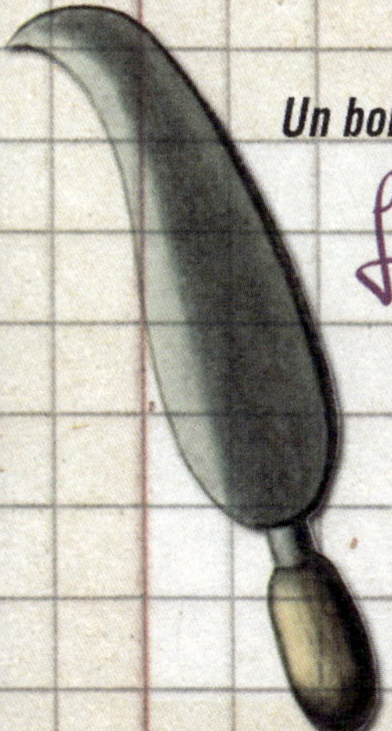

Une serpette est un outil de jardinage, ressemblant à un couteau ou à un canif dont la lame est recourbée. Elle est utilisée pour la découpe de petites branches, la cueillette de fleurs ou de fruits, et pour certaines opérations de greffe de plantes. Une serpette est une petite serpe.

Extrait du *Potager à l'assiette* de Jean-Marc Gourbillon, aux éditions CPE

# Photographies d'hier

“Si on t'avait foutu à la lourde chaque fois que t'as fait des conneries, t'aurais passé ta vie dehors.”

**Michel Audiard**

Verseau

Du 21 janvier au 19 février

Poissons

Du 20 février au 20 mars

# Février

Balade dans les rues de Selles-sur-Cher

Proverbe

La rotte vaut l'fagot'
*(les deux époux se valent).*

# 2013

## La Chandeleur fête de février

La Chandeleur était principalement fêtée par les populations des campagnes parce qu'elle coïncidait avec la fin progressive des grands froids de l'hiver et l'apparition timide du début de la germination des plantes. Elle constituait en quelque sorte une espèce de démarcation inter-saisonnière entre les rigueurs hivernales et les promesses printanières. Un dicton de Maligny, localité du Chablisien, précisait autrefois que « la Chandeleur rompait le cou aux veilleurs », marquant ainsi la fin des veillées au début de février. Cette cérémonie du 2 février a remplacé une fête infiniment plus profane : celle des Lupercales, consacrée à Rome au dieu Pan, et condamnée par le Pape Gélase, en 472, pour son caractère licencieux.

## Mimosas

Le mimosa revient tous les ans, et toujours aussi jeune, toujours égal au souvenir que j'ai de lui, boulettes vaporeuses et ébouriffées au parfum discret et entêtant. Tous les ans je reviens en cueillir quelques branches et je constate que pour lui le temps ne passe pas, qu'il ne prend pas une ride, toujours blond, toujours frais, toujours adolescent. Il me donne, un moment, l'impression d'être comme lui, de boire comme lui à la source de jeunesse. Mais je me réveille et peste contre Dieu, qui a deux poids et deux mesures. Puis je me calme, parce que je comprends que si février doit rester éternellement beau, c'est parce que d'un côté il lui est interdit de durer et de l'autre d'avoir des souvenirs. Or moi j'aime autant mon souvenir du mimosa que le mimosa lui-même.

**P.V**

Conte d'Hier...

## Le Petit Chaperon rouge (2)

Un jour sa mère ayant fait des galettes lui dit: va porter cette galette et ce petit pot de beurre à ta grand-mère qui est malade. Le petit Chaperon rouge se mit en chemin pour aller chez sa grand-mère. (Suite page 26)

## Février 2013

Notes

Vendredi **1er** Février
Ste ELLA

matin

après-midi

Samedi **2** Février
Présentation

matin

après-midi

Dimanche **3** Février
St BLAISE

matin

après-midi

# Jean-François Deniau (1928 - 2007).

## Homme politique, académicien, écrivain, journaliste, marin

Issue d'une famille établie en Sologne (elle possède encore des vignobles près de Cheverny) depuis près de quatre siècles. Elevé par sa mère, après le décès de son père, dès l'âge de 7 ans, Jean-François Deniau effectue ses études en région parisienne, au lycée Pasteur de Neuilly-sur-Seine, puis à sainte-geneviève de Versailles. Il sera deux fois lauréat du concours général, obtient une licence de lettre et un DES d'économie politique. Il sort diplomé de l'Institut d'études politique de Paris et docteur en droit. En 1949 il part en Indochine et rejoint une unité de partisan. A Saïgon il passe l'écrit du concours d'entrée à l'ENA. L'année suivante il y est admis. A sa sortie (promotion Jean-Giraudoux), il entre à l'inspection des finances. Il participe à la rédaction du traité de Rome du 25 mars 1957. Il est membre de la commission européenne de 1958 à 1963. Cette même année, il est nommé ambassadeur en Mauritanie avant de retrouver la commission des communautés européennes en 1967 et d'être désigné délégué interministériel à la Télévision en couleur. C'est en 1973 qu'il entre au gouvernement Messmer dans un premier temps comme secrétaire d'état chargé de la coopération, puis secrétaire d'état auprès du ministre de l'agriculture dans le gouvernement Chirac de 1974. Il est ensuite nommé ambassadeur de France à Madrid, en 1976. Cette nomination est sollicitée par le roi Juan Carlos. Les relations nouées entre les deux hommes, au cours de régates, n'est pas étrangère à ce choix. Il rejoint le gouvernement Barre en 1977 et est nommé successivement secrétaire d'État auprès du ministre des Affaires étrangères, ministre du Commerce extérieur l'année suivante, et ministre de la réforme administrative en 1981. Dans le même temps, il est élu député (1978) dans la première circonscription du Cher et devient vice-président du conseil général du Cher, puis président en 1981. Cette même année, Jean-François Deniau perd son siège de député face à Jacques Rimbault mais le récupère en 1986 et le conservera jusqu'en 1997, année où il décide de ne pas se représenter. Il est, par ailleurs, élu député européen de 1979 à 1986. Parallèlement à son activité politique dont il se détache progressivement, il crée le prix Sakahrov en 1982, et effectue de nombreuses missions en faveur

suite page 23

### Les petits trucs Beauté

**Contre les yeux cernés :**

*Déposez sur les paupières des sachets de thé refroidis quelques heures au frigo. Vous pouvez aussi laisser poser des disques de cotons imbibés d'eau de bleuet sur vos yeux pendant 10 minutes. C'est très efficace.*

# La recette de Grand-Mère

## Les rondiaux

**Pour 4 personnes**

**500 g de farine • 125 g de beurre • 100 g de sucre en poudre**
**3 œufs • 1 cuillerée à soupe de lait non écrémé**
**1 cuillerée à soupe de bon marc • 20 g de levure**
**1 pincée de sel**

Faire dissoudre la levure dans une cuillerée d'eau et ajouter le lait tiède et le marc.
Casser les œufs et séparer les blancs des jaunes. les battre en neige.
Mettre dans une terrine les 3/4 de la farine, la préparation levure, les jaunes d'œuf, les blancs battus et le beurre coupé en petits morceaux.
Ajouter le reste de la farine jusqu'à ce que la pâte se détache bien de la terrine.
Mettre ensuite sur une planche, malaxer, rouler en boule et faire lever sous une couverture ou mieux encore sous un édredon.
Lorsque la pâte est bien levée, l'étendre sur une épaisseur d'un pouce. Avec un verre, découper des ronds de pâte et faire frire à l'huile bouillante.

des peuples victimes de dictature ou d'occupation extérieure. Il écrit de nombreuse chroniques pour Le Figaro et l'Express, ainsi qu'une trentaine de livres. Il est élu à l'Académie Française au fauteuil de Jacques Soustelle, en avril 1992. C'est à la suite d'un triple pontage que, à 67 ans, il réalise la traversée de l'Atlantique, avec Nicolas Hénard (1995). Il est élu à l'Académie de Marine en 1999, à la place d'Eric Tabarly, et fonde le groupe des écrivains de Marine en 2003. Il est fait grand officier de la Légion d'honneur en janvier 2006. Il décède le 24 Janvier 2007, à Paris. Ses cendres ont été dispersées en mer d'Iroise. ■

**F.S**

Le saviez-vous ?

## Le baptême

*Dans certains endroits, la coutume voulait que le nouveau-né soit lavé de la tête au pied avec du vin. Il serait ainsi vigoureux et sain. En quelque sorte un baptême païen en avant-goût du baptême religieux.*

*Celui-ci donnait lieu à des festivités et des rites bien particuliers et souvent charmants.*

*Le cordon ombilical cachait de nombreuses révélations: le nombre de nœuds sur celui-ci désignait le nombre de ses frères et sœurs, certains le gardaient précieusement pour que l'enfant le dénoue à sept ans, s'il y parvenait, il serait très intelligent.*



Lundi 4 Février
Ste VÉRONIQUE

matin

après-midi

Mardi 5 Février
Ste AGATHE

matin

après-midi

Mercredi 6 Février
St GASTON

matin

après-midi

Jeudi 7 Février
Ste EUGÉNIE

matin

après-midi

Vendredi 8 Février
Ste JACQUELINE

matin

après-midi

Samedi 9 Février
Ste APPOLINE

matin

après-midi

Dimanche 10 Février
St ARNAUD

matin

après-midi

Lundi 11 Février
N.-D. LOURDE

matin

après-midi

Mardi 12 Février
St FÉLIX

matin

après-midi

Mercredi 13 Février
Ste BÉATRICE

matin

après-midi

Jeudi 14 Février
St VALENTIN

matin

après-midi

Vendredi 15 Février
St CLAUDE

matin

après-midi

Samedi 16 Février
Ste JULIENNE

matin

après-midi

Dimanche 17 Février
CARÊME

matin

après-midi

# Au bon beurre

Autrefois le beurre, fabriqué artisanalement dans les fermes, bien que parfois destiné à la consommation familiale, était vendu sur le marché. La matière grasse utilisée par les fermières était le saindoux.

Le lait était "tiré" des vaches le matin avant de les conduire au pré et le soir à leur retour. La traite était manuelle. La fermière assise sur un petit tabouret à trois pieds tenait le seau en bois, dit trayot, entre ses jambes et agissait des deux mains sur les trayons afin que la vache délivre son lait. Lorsque le seau était plein on le versait dans un grand pot à lait en bois ou en grès, en prenant la précaution d'interposer un filtre destiné à retenir les impuretés ou les poils qui auraient pu tomber. On entreposait les pots contenant le lait dans une pièces fraîche appelée pompeusement: la laiterie. On choisissait de préférence une pièce exposée au nord et on plaçait un fin grillage, type garde-manger, sur les lucarnes pour éviter les mouches. On laissait reposer le lait et on "levait" la crème au fur et à mesure qu'elle remontait en surface. Cette crème était ensuite mise "à mûrir" dans la beurrière, un pot de grès, dont la partie inférieure comportait parfois un petit orifice fermé d'une cheville par où on pouvait soutirer le petit lait.

Cette crème était ensuite placée dans une baratte dont il en existait plusieurs modèles. Le plus ancien était la baratte-à-piston. Formé de douves en chêne à la façon d'un tonneau, le corps de la baratte mesurait environ soixante centimètres pour un diamètre à la base et en ouverture en allant de vingt à quinze centimètres. L'ensemble était bloqué par deux ou trois cercles de fer et clos au sommet par un couvercle de bois percé en son centre pour laisser manœuvrer un long piston. On ne devait jamais remplir totalement le récipient, car, en cours de battage, la crème augmentait de volume. Pour la transformer en beurre il fallait actionner le piston durant au moins une heure à condition que la température extérieure soit comprise entre 15 et 20 degrés. La baratte dite normande, apparue dans notre région à la fin du XIXe siècle était différente. Formée comme un tonneau et disposée horizontalement sur un chevalet, elle comprenait une large ouverture sur le dessus, fermée par un volet et destinée au remplissage. A l'intérieur, des palettes de bois étaient fixées sur un axe que l'on pouvait actionner à l'aide d'une manivelle. Ce système, plus efficace que le piston, permettait d'obtenir le beurre de façon plus rapide.

suite page 25

## Les petits trucs Beauté

### Pour effacer les traces de fatigue :

*Commencez par vous nettoyer le visage avec une eau florale bio. Humidifiez une serviette avec de l'eau chaude puis détendez-vous 10 min, avec la serviette sur le visage. Enfin, appliquez une couche de miel (1 c. à soupe environ) pour faciliter la réhydratation. Après un rinçage à l'eau tiède, vous serez toute fraîche !*

## La recette de Grand-Mère

# Potée solognote

Pour 4 personnes

1 jamboneau demi-sel • 1 palette de porc demi-sel
500 g de lard de poitrine demi-sel • 500 g de lard de poitrine fumé
Saucisses fumées • 1 chou • Poireaux, carottes, navets, oignons
Laurier, thym, sauge • Poivre

Rincer le jambonneau, la palette et le lard.
Mettre l'eau, la viande, le poivre dans une marmite en fonte.
Amener le tout à ébullition, écumer. Laisser cuire environ une heure.
Faire blanchir le chou à part pendant cinq minutes.
Ajouter les légumes au bouillon, le thym, le laurier, la sauge et la moitié du lard fumé.
Faire cuire à petits bouillons sans couvrir la marmite.
Après trois heures de cuisson, ajouter les saucisses fumées.
A la fin de la cuisson sortir le jambonneau, les saucisses.
Couper en tranches fines le reste du lard fumé et faire griller ces viandes sur un lit de braises.
Servir avec les légumes et un bol de bouillon.

On retirait ensuite les petits globes de beurre agglomérés. On les triturait pour en extraire les résidus de petit-lait qui auraient gêné la conservation puis on les partageait en pains d'une livre, d'une demie-livre ou d'un quart. De là vient l'expression "quart de beurre" qui pesait 125g puisqu'il s'agissait du quart de la livre, cette ancienne unité de poids qui représentait, à l'origine, 489,5g et non un demi kilo ! Les pains de beurre étaient ensuite formés dans des moules rectangulaires en bois ou dans des formes circulaires en grès. Les couvercles en bois ou en terre formaient piston et étaient gravés en creux de motifs qui s'imprimaient en relief sur la motte. Ils représentaient des éléments floraux ou plus fréquemment une vache. Il ne restait plus à le fermière qu'à mettre tous ces "pains" de beurre dans un panier plat pour les porter au marché. ■

G.B

## Le saviez-vous ?

### Moustache

*« Du côté de la barbe est toute la puissance » dit un vieux proverbe, aussi faux d'ailleurs que la plupart de ses congénères… mais qui pourtant a agité un instant la corporation des garçons de café, restaurants, marchands de vins, etc., d'Orléans. Ces garçons ont réclamé, en été 1891, le droit de porter la moustache jusque là interdite dans la profession ! Ils peuvent porter les favoris en pointe, en rond, en carré, un épais collier comme un Auvergnat ou un marin en rupture de gouvernail, mais la moustache c'est défendu.*

## Février 2013

Lundi **18** Février
Ste BERNADETTE

matin

après-midi

Mardi **19** Février
St GABIN

matin

après-midi

Mercredi **20** Février
Ste AIMÉE

matin

après-midi

Jeudi **21** Février
St P. DAMIEN

matin

après-midi

Vendredi **22** Février
Ste ISABELLE

matin

après-midi

Samedi **23** Février
St LAZARE

matin

après-midi

Dimanche **24** Février
St MODESTE

matin

après-midi

Lundi 25 Février St ROMEO

matin

après-midi

Mardi 26 Février St NESTOR

matin

après-midi

Mercredi 27 Février Ste HONORINE

matin

après-midi

Jeudi 28 Février St ROMAIN

matin

après-midi

Conte d'Hier...

## Le Petit Chaperon rouge (3)

La grand-mère demeurait dans un village voisin ; en passant dans le bois, le petit Chaperon rouge rencontra compère le loup qui lui demanda où elle allait, elle répondit : je vais porter cette galette et ce pot de beurre à ma grand'mère malade. (Suite page 32)

# Grèves aux usines Normant

Les grèves de 1935 et de Mai-Juin 1936 (à la suite de la victoire du Front Populaire et de l' installation du gouvernement dirigée par le socialiste SFIO Léon Blum) allaient montrer la vigueur syndicale au sein de l' entreprise Normant.

suite page 28

Remède d'autrefois, déconseillé...

## Lumbago (tour di rins)

*Soulever la chemise du patient et lui signer les reins avec le gros orteil de votre pied dénudé. — Infusion de semence de cresson, sur du vinaigre ; — ou de lierre arborescent sur du lait. — Appliquer une patte de lièvre sur le siège du mal. — Faire dissoudre dans du café un nombre impair de crottes de souris séchées.*

...pour les malades d'aujourd'hui !

Carnet de notes
de Papounet
le chanteur

# Chanson d'hier...

## Sacrée Charlotte

J'ons vu dis' que, dans sa jeunesse
La Charlotte a 'tint chaud d'sang,
Pou' y douner ùn bout d'sagesse
Son p'pa l'a mariée à seize ans
Anque un houme de vingt ans d'plu qu'elle…
Mais… pour la chouse y' tint ben gaillard !
L'empêch' pas qu'la bon gueu d'fumelle
Pus d'une foué l'aviont fait cornard.

Le sang s'arfardit quand on prend d'âge !
Si ben ! son pouv' bouhoume l'a défunté,
Et dem, coum' faut ben s'occuper
A s'est fait sarvant' du curé….
Quand qui vieillit l'guiâbe i d'vint sage !...
Mais M'sieur l'Curé l'tint ben content
D'â –cau qu'à f'sint ben son sarvice
Et pis qu'a manquiont point d'office.

Don un jour, i l'y dit franch'ment :
« V'là eun' culotte…à la braguette
Manque un bouton…faurint l'armette !… »
« Bon M'sieur l'Curé, dounnez-moi là,
En rin d'temps, j'vas vous fée ça !… »
Coumm' a'l était ben adrète
L'affée fut vite fète.
« T'nez, M'sieur l'Curé, v'la voute culotte
En arcousant l'bouton qui manquint
à vout' braguette
J' savions point ou j'avionsla tête…
J'on eu…un mauvais pansement !… »

« Oh ! v'la un grou péché,
à c't'heure !
Pisque vous m'en f'sez
confession
Pour vous douner l'absolution ,
Coumm' pénitence, j'vous dounons,
En pùs d'dise l'acte de contrition
Se m'apporter un….
Grou pot d'beurre ! »
« Oui ! M'sieur l'Curé,
j'vous l'apport'rons !… »

Quand qui l'ouvert l'pot
qu'a y a appporté
L'Curé y dit :
« Ma boun Charlotte,
Dans vout' pot d'beurre,
j'on rin vu du tout ?… »
« Oui, M' l'Curé,
mais enter nous,
J'pouvon ben l'dise, moué itou,
J'on rin trouvé, dans vout' culotte ! ! !… »

André Frapier

Sologne

Elles furent dirigées en 1935 par le communiste André Roguet et, surtout, par Kléber Loustau, un ouvrier ajusteur-mécanicien du service d' entretien, militant au sein de la SFIO de la CGT (syndicat officiellement indépendant des partis politiques contrairement à la CGTU, tout du moins jusqu' en 1947, époque où elle tomba sous la coupe du PCF). Ce dernier avait fondé le syndicat confédéré du textile chez Normant en 1933 et avait pris part au règlement des grèves de 1935 provoquées par une baisse des salaires de 5-6% décidée par le plan Laval. Une résistance ouvrière d' une dizaine de jours amena la direction à chercher une base de négociation avec les représentants du personnel sous le patronage de la préfecture. La direction des usines Normant, pour une des premières fois, dut reculer et accepter le maintien intégral des salaires, ce qui aboutit indirectement à une croissance importante du syndicalisme qui s' unifia provisoirement au congrès de Décembre 1935.

Le succès de cette grève rejaillit en grande partie sur Kléber Loustau qui devint, par suite, membre du conseil national de la Fédération du textile en 1935. Il fut aussi, lors des grèves de Mai-Juin 1936, le principal dirigeant du mouvement ouvrier en sa qualité de secrétaire de la Bourse du travail et de l' Union locale CGT à Romorantin (bien qu' en rupture de ban à la CGT dominée, en Loir-et-Cher, par les militants communistes). Cette grève fut une grande victoire pour les ouvriers, notamment grâce à l' appui du gouvernement Blum qui négocia, lors des accords de Matignon, une hausse des salaires de 7 à 15% pour les rémunérations les plus faibles, la liberté syndicale, et la création de délégués ouvriers dans les établissements de plus de 10 salariés (et donc chez Normant). De plus, les Lois de Juin 1936 accordaient les 40 heures hebdomadaires et les congés payés.

Cependant, ces grèves de 1936 seront les dernières grandes victoires des ouvriers de Normant, non que la direction soit plus répressive envers les syndicats et les mouvements épisodiques de révolte, mais les usines vont connaître un déclin continu à partir des années 1940. ■

## Métier d'autrefois

**Le forgeron appelé aussi maréchal-ferrant De son échoppe du maréchal ferrant d'où s'échappait une forte odeur de corne brûlée. La chanson du marteau sur l'enclume réveillait le village au petit matin.**

Carnet de notes
de Papounet
le jardinier

# Du jardin d'hier...

Dans la marmite

## Nids de choucroute aux pommes et moules

1 kg de moules • 450 g de choucroute crue
2 pommes • 1 oignon rouge • 1 échalote
1 bouquet de ciboulette • 15 cl de vin blanc
3 cuillères de vinaigrette balsamique
10 cl d'huile d'olive • Sel, poivre du moulin.

*Verser le vin blanc dans un faitout avec l'échalote hachée. Porter à ébullition, ajouter les moules, faire ouvrir en les remuant quelques minutes.*
*Ensuite les décortiquer, filtrer le jus et le faire réduire jusqu'à ce qu'il reste la valeur de trois cuillères au plus. Hacher les pommes, l'oignon rouge et la ciboulette. Faire une vinaigrette avec le jus de moule, l'huile d'olive et l'assaisonnement. Rincer la choucroute, puis mélanger les pommes et les moules. Former un nid au centre de chaque assiette, mettre au milieu la garniture, arroser de vinaigrette et déguster frais.*

## Le Chou pommé

Les choux pommés rouges ou blancs se cultivent pratiquement toute l'année. Quelle que soit la période, le mode de culture reste le même. En février, faire les semis de cabus sous châssis pour une récolte au début de l'été. Quand les plants atteignent 6 feuilles, les repiquer.
Pour une récolte de chou Milan en automne et hiver, faire le semis en mai. Le chou préfère un sol riche en humus et d'humidité constante. La durée de culture varie suivant l'espèce mais prévoir environ 4 mois. Creuser des sillons de 8 cm de profondeur espacés de 50 cm. Repiquer les plants tous les 50 cm. Arroser copieusement. Il est recommandé de bien pailler le sol pour garder une bonne humidité.

## La Prune Reine Claude

Tous les terrains semblent convenir à ce fruitier peu exigeant. Cependant éviter les sols trop argileux et humides, qui favorisent la végétation au détriment des fruits. Planter l'arbre dans un trou profond et large, ajouter du compost décomposé et des cornes broyées, remettre un peu de terre meuble et planter l'arbre. Faire une cuvette pour un arrosage fréquent, le paillage permet de conserver le sol frais. Le prunier devrait commencer à produire la quatrième année. Les cochenilles, pucerons, acariens ainsi que la rouille sont à redouter. Traiter à la bouillie bordelaise additionnée d'une solution au savon de noir.

*Un bon outil :*

### La brouette

La brouette est un petit tombereau « à bras ». C'est l'outil ergonomique pour le transport de matériaux ou d'outils. Incontournable dans les jardins, elle facilite le déplacement de charges qui peuvent être lourdes ou simplement encombrantes.

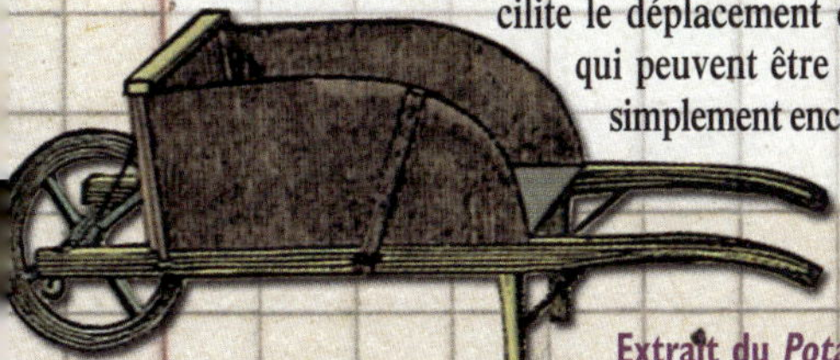

Extrait du *Potager à l'assiette* de Jean-Marc Gourbillon, aux éditions CPE

# Photographies d'hier

# Mars

“ La légende, le mythe, la fable, sont comme
la concentration de la vie nationale,
comme des réservoirs profonds
où dorment le sang et les larmes des peuples”

**Baudelaire**

Poissons

**Du 20 février au 20 mars**

Bélier

**Du 20 mars au 20 avril**

Balade dans les rues de Salbris

Proverbe

Il n'est si ch'ti *(chétif)* fagot'
Qui n'trouve sa rotte *(lien)*.

# 2013

## Les oiseaux

En mars, la nature se réveille. Les oiseaux et les insectes aussi. L'observation de leur comportement est tout aussi instructive :

- Cri de mouette, signe de tempête.
- Quand la chouette miaule au bois, du beau temps on a espoir.
- Buses planant, beau temps.
- La pintade perchée qui crie, appelle la pluie.
- Si le paon crie Léon ! Léon ! Il faut rester à la maison. Ce cri strident du mâle accompagné du déploiement de sa splendide roue sont des signes de grande stimulation sexuelle et de parade amoureuse. Il a été constaté que cela se produisait souvent 24 heures avant un orage.
- Araignée du matin, chagrin. La rosée l'empêche de tisser sa toile.
- Araignée du soir, espoir. Temps calme, il fera beau demain.
- Araignée de midi, soucis. Si elle s'affaire après sa toile sans raison, n'y aurait-il pas un orage possible?

D'autres observtions effectuées directement sur les animaux de la ferme annoncent à plus ou moins brève échéance l'orage :

- Il fait un temps chaud et lourd, cela fait ruer et courir ça et là, les vaches.
- Les taons et les mouches piquent.
- Tout d'un coup il fait un éclair et il se met à tonner.

## Pêchers en fleurs

Un champ de pêchers fleuris c'est un incendie de forêt de l'art pour l'art, sans pertes ni fracas. Un champ de pêchers en fleurs c'est comme un incendie de forêt contrôlé, qui ne fait pas que passer comme un voleur en emportant tout, mais qui au contraire pose devant le peintre et songe à la postérité. C'est, pour le bon paysan, un incendie pour rire, un incendie plein de promesses, un incendie bien aligné, en ordre et discipline, un incendie de printemps en quelque sorte. C'est toute la plaine qui a pris feu à la fois, pour quelques jours, comme une armée de fleurs au fusil et qui, sagement, ne partent pas à la guerre. Et quand on s'approche on voit bien que toutes ces flammèches sont des fleurs, c'est-à-dire le feu de la vie, de la vie qui se construit, à l'antipode de l'incendie de forêt, qui lui ne pense qu'à détruire.

**P.V**

Conte d'Hier...

## Le Petit Chaperon rouge (4)

Le loup se mit à courir de toute sa force par un chemin de traverse afin d'arriver chez la grand'mère avant le petit Chaperon rouge.

(Suite page 44)

**Mars 2013**

Notes

Vendredi 1er Mars
St AUBIN

matin

après-midi

Samedi 2 Mars
St CHARLES LE BON

matin

après-midi

Dimanche 3 Mars
St GUÉNOLÉ

matin

après-midi

# Le Beuvron, la rivière des castors

Le Beuvron, littéralement la rivière des castors, prend sa source à l'est de Cerdon du Loiret pour se rendre ensuite vers Lamotte du même nom, passant, en connaisseuse, dans le joli village solognot de Chaon, où vous vous arrêterez dans la Maison consacrée au braconnage.

Le Beuvron a constitué, en son temps, la frontière naturelle entre la Gaule des Carnutes (Lyonnaise) et celle des Bituriges (Aquitaine).

La rivière côtoie le canal de la Sauldre, avant de pénétrer chez les sœurs Tatin à Lamotte-Beuvron. Après Neung, le noviodunum de la victoire de César, cette rivière remonte sur Bracieux et sa magnifique Halle. Celle-ci fut construite dans le courant du XVIème siècle et, avec son premier étage, elle constitue un modèle dont il y a peu d'exemples en France. Elle était primitivement destinée à servir de sellerie au château d'Herbault (4km à l'est de Bracieux). De nos jours, et, depuis 1966, grâce aux "Amis de la Vieille Halle", les salles du premier étage, abritent de nombreuses expositions artistiques. Outre les tableaux ou objets d'art exposés, les visiteurs peuvent admirer les massives poutres de chêne, constituant la magnifique charpente de l'édifice.

La rivière aux castors s'offre, enfin, quelques haltes aristocratiques comme le château de Villesavin ou le château de Beauregard. Évitant de très peu Fougères pourtant sur Bièvre (même étymologie). Le touriste curieux qui s'éloigne de la route des classiques châteaux de la Loire, débarque à Fougères admiratif devant le monument qui se dresse devant lui. Magnifique vestige de la fin du Moyen Âge, l'architecture est riche d'enseignement pour l'amateur éclairé.

Le Beuvron rejoint, plus loin, sa sœur le Cosson à Candé pour terminer sa course. ■

G.B

## Les petits trucs Beauté

### Un masque régénérant à la banane pour les cheveux :

**Ingrédients : 1 banane, 1/3 de tasse d'huile d'olive.**

*Mélangez la banane et l'huile d'olive dans un blender. Appliquez sur cheveux légèrement humides. Enveloppez vos cheveux dans une serviette après avoir mis un sachet plastique sur vos cheveux. Laissez poser 1 heure, rincez et procédez au shampooing.*

*La recette de Grand-Mère*

# Poularde à la solognote

**1 poularde fermière de 1,6 kg à 1,8 kg découpée en morceaux**
**3 échalotes grises • 1 gousses d'ail • 2 tomates• 2 verres de vin blanc**
**3 cuillerées à soupe d'huile • 100 g de beurre**
**1 bonne cuillerée à soupe de farine**
**2 cuillerées à soupe de crème fraîche**
**250 g de champignons frais • 1 citron • Sel et poivre**

**Pour 4 personnes**

Faire dorer les morceaux de volaille salés et poivrés dans une cocotte avec du beurre. Les retourner pour qu'ils aient une coloration uniforme. Lorsqu'ils sont bien dorés, couvrir le récipient et laisser cuire 20 à 25 minutes.

Dès la fin de la cuisson, retirer les morceaux et les réserver au chaud. Enlever la presque totalité du fond de cuisson. Ajouter les échalotes et la gousse d'ail hachées, les tomates pelées, épépinées et coupées en morceaux. Ajouter la farine et une noix de beurre frais. Faire cuire en remuant avec une fourchette pendant une minute.

Ajouter les deux verres de vin blanc et laisser réduire de moitié. Compléter avec la crème fraîche et laisser réduire encore un peu. Rectifier l'assaisonnement, si nécessaire.

A part, préparer un fond de cuisson pour les cham-pignons avec un verre d'eau, le jus d'un demi-citron, un morceau et une pincée de sel. Y verser les cham-pignons finement découpés et les faire cuire à couvert. Incorporer le tout à la sauce de la volaille. Dresser la volaille sur un plat et napper avec la sauce.

*Le saviez-vous ?*

## Chaon : la Maison du Braconnage

*Une architecture moderne pour une pratique millénaire, un contenu muséographique qui fera bouger l'idée que vous avez du braconnage.*

*Des compléments d'information sous forme de textes discrets ont été ajoutés. la salle des arts et techniques s'est enrichie d'un mobile mettant en scène les collets, omis jusqu'à maintenant. Un éclairage modifié avec variateur met en valeur tour à tour la fresque de l'énigme, le coin du piégeage, l'étang au coucher du soleil, les faisans au perché ou la voiture des bracos. Dans le domaine de l'imaginaire, les documents photos ont acquis du relief, une disposition nouvelle de "l'armoire aux braconneries" augmente l'espace réservé au braconnage amoureux qui se voir maintenant en vis à vis avec celui de l'humour braconnier.*

**Mars** 2013

*Lundi* **4** *Mars*
St CASIMIR

matin

après-midi

*Mardi* **5** *Mars*
Ste OLIVE

matin

après-midi

*Mercredi* **6** *Mars*
Ste COLETTE

matin

après-midi

*Jeudi* **7** *Mars*
Ste FÉLCITÉ

matin

après-midi

*Vendredi* **8** *Mars*
St JEAN DE DIEU

matin

après-midi

*Samedi* **9** *Mars*
Ste FRANÇOISE

matin

après-midi

*Dimanche* **10** *Mars*
St VIVIEN

matin

après-midi

**Mars** 2013

Lundi **11** Mars
Ste ROSINE

matin

après-midi

Mardi **12** Mars
Ste JUSTINE

matin

après-midi

Mercredi **13** Mars
St RODRIGUE

matin

après-midi

Jeudi **14** Mars
Ste MATHILDE

matin

après-midi

Vendredi **15** Mars
Ste LOUISE

matin

après-midi

Samedi **16** Mars
Ste BÉNÉDICTE

matin

après-midi

Dimanche **17** Mars
St PATRICE

matin

après-midi

# Les nouvelles maladies

Au jour d'aujourd'hui, on attrape toutes les maladies.
C'est a s'demander si on va ben rester en vie
Quand qu't'en a eune, ya un médicament qui te l'ôte.
Et ben l'lendemain t'en attrape eune aute

Dans l'temps les vieux avaient ben connu la grippe espagnole
Et pi j'avons connu la grippe asiatique
Avant d'avouer la maladie d'la vache folle
Aujourd'hui t'en a toujou des nouvelles qui rappliquent.

Et pi j'avons connu des sales maladies coum' la sale monelle
Mais ç'atait pas grave, ç'atait pas grand chose
En coute d'ces maladies nouvelles
Tin ! par exemple : la régionnelle rose

C'pendant j'en avons t'y, cheux nous, des médicaments
Qu'on nous vend, soué disant pour nous guéri
Dans nout' bouét' à pharmacerie j'avons tout un assortiment.
Et l'on cré tous qui vont nous empêcher d'péri

J'en avons t'y des tas d'pilules, d'suppositouères et d'gélules
Et d'en avouer 'tant j'soum's ben embarrassés
de réfléchi souvent ça d'vint ridicule
de n 'pas savouer s'en sarvi du bon coûté

Pourtant su les bouétes, sur les notices, tout vous est expliqué
Et on nous dit qu'c'est fait pour tout comprende
Même, qu'en charchant ben, des foués c'est écrit.... en français
Mais c'qui y 'a d'sûr, c'est écrit dans toutes les autes langues : celles que l'on comprend pas

L'an dernier, j'avons pardu nout' vouêsin, l'pée Jules
D'eune maladie qu' jusqu'a la on avait jamais entendu parler
C'te maladie la, y l'on appelait la canicule
Depuis c'temps la tout l'monde en parle et tout l'monde est affollé

suite page 35

*Les petits trucs Beauté*

**Pour les cheveux gras :**

*Vos cheveux sont gras, testez ce remède naturel. Posez une fois par semaine sur votre chevelure le mélange suivant : 3 cuillerées à soupe de yaourt nature et 1 jaune d'oeuf battu. Laissez poser 20 minutes puis rincez à l'eau vinaigrée.*

## La recette de Grand-Mère

# Brochet au Romorantin

**Pour 4 personnes**

1 brochet moyen • 3 cuillerées à soupe de beurre
2 oignons • 2 carottes • 1 bouteille de Romorantin • 1 œuf
1 jus de citron • 1 cuillerée à soupe de farine
1 verre de crème fraîche • Sel, poivre

Dans un plat à gratin, en terre de préférence, étaler un fond d'oignons et de carottes finement émincés avec 2 cuillères de beurre. Déposer le brochet vidé, écaillé et ciselé sur le fond. Mouiller d'une bouteille de Romorantin. Saler, poivrer, couvrir d'un papier sulfurisé. Cuire à four chaud 30 minutes environ.

Retirer alors le vin blanc et avec celui-ci mouiller un roux fait avec une cuillère de farine et une cuillère de beurre. Laisser épaissir la sauce en tournant toujours. Ajouter la crème fraîche, réchauffer un peu sans laisser bouillir, lier hors du feu avec le jaune d'oeuf et le jus de citron.

Servir très chaud.

Et encore ...
C'te maladie la, a nous est tombée d'sus en plein été
Aussi j'vous conseille que dès qui f'ra fré
Couvrez-vous ben, si vous v'lez pas coum' ce pauver Jules
D'attraper, vous itous, eune mauvaise canicule. ■

**2004**
**Roger BLANCHARD**
**Écrit après la canicule de 2003**

## Le saviez-vous ?

# L'âne et le boeuf

*L'âne et le bœuf ont une place de choix dans la crèche. Cette place se retrouve dans les traditions solognotes liées à Noël.*

*Au demeurant, l'âne à la réputation de protéger les écuries et les étables contre les menées toujours redoutables du Diable, et l'on prétendait même, en Sologne, que s'il présentait sur le pelage du dos une marque plus foncée en forme de croix, c'est pour avoir servi de monture à Jésus.*

*A Noël donc, l'âne et le bœuf recevaient une meilleure nourriture qu'à l'ordinaire. Ils étaient, bien entendu, dispensés de tout labeur.*

*Quant au bœuf, selon une légende que l'on racontait ici, et dans d'autres contrées, il aurait le fabuleux pouvoir de prendre la parole durant la messe de minuit. D'où d'étranges conversations entendues ici et là ce jour-là!*

# Mars 2013

Lundi **18** Mars
St CYRILLE

matin

après-midi

Mardi **19** Mars
St JOSEPH

matin

après-midi

Mercredi **20** Mars
PRINTEMPS

matin

après-midi

Jeudi **21** Mars
St CLÉMENT

matin

après-midi

Vendredi **22** Mars
Ste LÉA

matin

après-midi

Samedi **23** Mars
St VICTORIEN

matin

après-midi

Dimanche **24** Mars
RAMEAUX

matin

après-midi

Lundi **25** Mars
Annonciation

matin

après-midi

Mardi **26** Mars
Ste LARISSA

matin

après-midi

Mercredi **27** Mars
St HABIB

matin

après-midi

Jeudi **28** Mars
St GONTRAN

matin

après-midi

Vendredi **29** Mars
Ste GWLADYS

matin

après-midi

Samedi **30** Mars
Ste AMÉDÉE

matin

après-midi

Dimanche **31** Mars
PÂQUES

matin

après-midi

# Capitaine Haddock
## (L'éternel)

Archibald Haddock est le descendant du chevalier François de Hadoque, capitaine de marine sous Louis XIV, qui fut récompensé avec son titre et le château de Moulinsart.

Archibald a lui aussi navigué sur toutes les mers du globe, et durant plus de vingt ans avec son ami le capitaine Chester, avant de devenir commandant du Karaboudjan. C'est sur ce navire marchand que son alcoolisme le met à la merci de son lieutenant Allan Thompson. Et c'est Tintin qui viendra l'en sortir dans l'épisode du *Crabe aux pinces d'or,* édité en 1941 ; les deux hommes deviendront les meilleurs amis du monde et ne se quitteront plus.

Ainsi Haddock sera-t-il le témoin des pires complots politiques et de trafics en tous genres qu'il contribuera à déjouer. Avec le reporter à la houppe, il participera aux plus extraordinaires aventures qui les mèneront sous les mers, sur les plus hauts sommets du Tibet et jusque sur la lune. Ce qui laisse à penser que l'âge du capitaine n'est pas si élevé que cela. Si sa barbe, sa casquette et sa pipe le vieillissent, l'homme a encore de beaux restes, suffisamment pour réaliser quelques performances athlétiques.

Quant à son château de Moulinsart, il est inspiré de celui de Cheverny auquel Hergé avait retiré les deux ailes les plus extérieures. L'idée lui serait venue lors de vacances passées dans le Val de Loire. Néanmoins, l'auteur replace le château en Belgique, non loin de Bruxelles, en témoignent les uniformes des gendarmes que l'on voit dans *l'Affaire Tournesol.*

Dans *Le Trésor de Rackham le Rouge*, le Capitaine découvre en lisant le journal que ce château est à vendre « Tonnerre de Brest, dit-il, je ne rêve pas ! C'est inouï » Et Tintin de répondre : «Eh bien, capitaine, si le château de vos ancêtres est à vendre, il faut le racheter ! ». Depuis, tous les épisodes des aventures du reporter et de son ami passeront invariablement par Moulinsart.

Connu pour son caractère bourru et ses jurons les plus extravagants, moule à gaufres, Bachi-bouzouk et autres logarithmes, le Capitaine Haddock n'en est pas moins un homme très sensible et fidèle en amitié.

**SdL**

Remède d'autrefois, déconseillé...

**Migraine** **(mirin-ne — themicranium)**

*Invoquer Sainte Béatrice. — Cataplasme de chou rouge écrasé dans du vinaigre de pommes ; — de fiente de brebis. Appliquer au bas-ventre. — Prendre un bain d'avant-bras. On dit que les blanchisseuses ignorent cette affection parce qu'elles ne cessent de plonger les bras dans l'eau savonneuse. — Avaler une balle de plomb. — Ceindre les tempes avec une corde de pendu.*

...pour les malades d'aujourd'hui !

Carnet de notes
de Papounet
le jardinier

# Du jardin d'hier...

Dans la marmite

## Cardes ou Bettes à la crème

**1 kg de côtes de bettes**
**80 g de beurre • 50 g d'échalote hachée**
**20 cl de crème fraîche**
**Sel fin, poivre du moulin**

***Préparer et cuire les côtes dans un blanc, les retirer et les éponger.***
***Dans un sautoir, les faire étuver pendant 10 minutes avec le hachis d'échalote, le sel et le poivre.***
***Mouiller avec la crème bouillante et cuire jusqu'à une réduction suffisante.***
***Servir avec des darnes de saumon grillées.***

## Bette ou Carde

Dans une caissette, faire le semis vers le mois d'avril. Fin mai, repiquer les plants de bette tous les 50 cm dans un sol frais, profond et riche en humus. Il faut arroser régulièrement pour maintenir une ambiance humide, car ce légume ne supporte pas la sécheresse, mais sans mouiller les feuilles pour éviter les maladies. La récolte des premières côtes se fait environ 90 jours après le semis pour finir aux premières gelées. Si l'on choisit de semer en place, le faire en rangs espacés de 50 cm en tous les sens. Les apports en engrais ne sont pas nécessaires ; toutefois, on peut répandre un engrais riche en azote pour stimuler la repousse après une première récolte.

Dans le jardin
le cardon apprécie le voisinage
des fèves et des laitues

## La Cerise

Le cerisier est un arbre bien rustique, que l'on peut adapter à toutes les régions. L'exposer sur un lieu bien ensoleillé, pas trop venté. Il apprécie un sol léger et bien drainé. Côté protection, de nombreuses espèces comme les bigarreaux sont sensibles à la mouche. Les fruits sont également sensibles au monilia. On en constate les effets lorsque les fruits encore sur l'arbre pourrissent. Effectuer un traitement à la bouillie bordelaise à la chute des feuilles, après la taille et avant la fructification.

**Un bon outil :**

## Le louchet

Le louchet est une bêche dont la lame est un peu plus étroite et plus longue, de construction plus solide. Ici le manche possède un pommeau qui facilite la prise en main et accentue la pression. Il est utilisé par les pépiniéristes pour déplanter les arbres et arbustes avant de les mettre en containers.

**Extrait du *Potager à l'assiette* de Jean-Marc Gourbillon, aux éditions CPE**

# Photographies d'hier

# Avril

*"Un raciste, quand il commande un "Black & White", demande deux verres séparés."*

**Roland Magdane**

Bélier

**Du 20 mars au 20 avril**

Taureau

**Du 21 avril au 21 mai**

Balade dans les rues de Noyers-sur-Cher

Dicton

« Elle a cassé son sabot' »
*se dit d'une jeune fille enceinte.*

# 2013

## Les Rameaux

Le jour des Rameaux tous les hommes des villages allaient à la messe. Pour beaucoup, c'était l'unique fois de l'année où ils fréquentaient l'église. Vous savez sans doute que le prêtre procède à la bénédiction des rameaux. Ce sont des rameaux de laurier que l'on apporte. Après quoi, le laurier, que la bénédiction avait doté d'un certain nombre de vertus protectrices, était dépouillé de ses branchettes qui étaient réparties un peu partout : derrière les crucifix qui ornaient les chambres de la maison, souvent aussi aux portes des granges et des étables. Ils protégeait de l'orage, du feu, des sortilèges. Ils servaient enfin à asperger les défunts avant leur départ pour le cimetière.

Il y avait beaucoup d'autres traditions, toujours en rapport avec l'idée du renouveau, qui s'attachaient au temps de Pâques. Il fallait, par exemple, veiller à toujours sortir, ce dimanche-là, avec, sur soi, quelque chose de neuf : une chemise ou un chapeau pour les moins riches, par exemple, et la tenue complète, de la tête aux pieds, pour les plus aisés ; on entrait ainsi, renouvelé, dans une période nouvelle.

La maison aussi faisait l'objet de nombreux soins : c'était le grand nettoyage de printemps.

C'est peut-être aux Phéniciens, qui adoraient le Créateur sous la forme d'un œuf, que nous devons les œufs de Pâques. Suivant leur croyance, la nuit, principe de toutes choses, avait engendré un œuf, d'où étaient sortis l'amour et le genre humain.

## Lilas

Mon lilas a mis ses plus belles feuilles, les plus tendres, pour fleurir. Toute l'année il est resté discret près de la maison, ne regardant que le ciel, et voici que son arôme printanier se glisse par la fenêtre dans ma chambre et m'empêche d'oublier que la saison des fleurs est là, avec toute la sève du monde, et qu'il ne sert à rien de lui fermer ma porte au nez ou mon nez à la porte. Et pour enfoncer le clou, ma femme en a cueilli quelques tiges, de ce lilas, et les a mises dans un vase sur la table. Je contemple ces grappes aux mille fleurs mauves triomphalement brandies, qui semblent chez elles plus que moi qui, de jour en jour, ne les avais pas vues venir. Et toute cette jeunesse véhémente d'odeur me soûle. Je sais bien qu'elle ne durera pas, que ce n'est qu'un avril et qu'un mai de routine. Je sais aussi qu'elle sera là l'an prochain, et que l'été venu j'en prendrai congé sans trop de regrets.

**P.V**

Avril 2013

Lundi **1er** Avril
LUNDI de PÂQUES

matin

après-midi

Mardi **2** Avril
Ste SANDRINE

matin

après-midi

Mercredi **3** Avril
St RICHARD

matin

après-midi

Jeudi **4** Avril
St ISIDORE

matin

après-midi

Vendredi **5** Avril
Ste IRÈNE

matin

après-midi

Samedi **6** Avril
St MARCELLIN

matin

après-midi

Dimanche **7** Avril
St J.-B. de la S.

matin

après-midi

# Léonard de Vinci

## (1452 - 1519)

4006. Buste de LÉONARD de VINCI (Auteur de la Joconde) offert par les Artistes Italiens de Paris à la Ville d'Amboise (I.-et-L.) et déposé à la Mairie de cette Ville A. B.

L'illustre Léonard, fils d'un paysan du village de Vinci, véritable génie, peintre, sculpteur, inventeur... s'installa en France en janvier 1516, à l'âge de soixante-cinq ans. Il est déjà malade lorsqu'il arriva en Touraine accompagné de plusieurs disciples. Le Roi lui offrit le manoir du Cloux, nommé de nos jours le Clos-Luce, à peu de distance de son château d'Amboise. Un souterrain reliait d'ailleurs la demeure de François Ier à celle du grand peintre.

Une belle légende veut que le Roi de France venait rendre visite à son protégé en empruntant cette voie afin de converser avec le prodigieux génie.

Léonard était venu de son plein gré en France. Ayant connu plusieurs déceptions dans son pays natal, il avait suivi avec joie le jeune Roi de France : le grand peintre trouvait enfin à Amboise une consécration à sa glorieuse carrière et la respectueuse admiration qu'il cherchait depuis longtemps.

Au Clos-Luce, Léonard qui avait pris l'aspect du bon patriarche chauve à la longue barbe blanche, termina sa «Sainte-Anne», son «Saint-Jean-Baptiste» et son mystérieux portrait d'une « dame florentine » ! Il ne voulut jamais s'en séparer et les conserva jusqu'à sa mort.

Léonard peignit peu durant son séjour à Amboise : une paralysie du bras droit l'en empêchait : il guidait plutôt la main de ses élèves.

François Ier lui versait 700 écus d'or de rente annuelle, mais on se prend à regretter que le jeune Roi ait financé les projets les plus frivoles du grand maître alors que tant d'inventions utiles et révolutionnaires germaient dans son esprit.

suite page 41

## Les petits trucs Beauté

### Un gommage naturel pour le corps :

**Ingrédients : 2 cuillerées à soupe de sucre, 1 cuillerée à soupe d'huile d'amande douce**

*Mélangez le sucre et l'huile d'amande douce puis appliquez sur le corps par petits massages circulaires. Rincez bien puis appliquez une crème hydratante.*

# La recette de Grand-Mère

## Cerises paysannes

Pour 4 personnes

**250 g de flocons d'avoine • 1 sachet de sucre vanillé**
**2 dl de lait • 250 g de yaourt maigre … 150 g de sucre**
**40 g de beurre • 3 œufs, sel • 800 g de cerises dénoyautées**
**3 cuillerées à soupe de rhum**

Verser les flocons d'avoine dans un bol en ajoutant le sucre vanillé. Faire chauffer le lait et le verser sur les flocons. Casser les œufs, battre les jaunes avec le sucre et mélanger avec le yaourt. Badigeonner avec du beurre un plat à gratin. Préchauffer le four.

Égoutter les cerises. Battre les blancs en neige très ferme. Mélanger les cerises, les flocons, le rhum au mélange jaunes d'œuf. Ajouter en remuant une cuillerée de blanc monté puis incorporer ce mélange délicatement aux blancs d'œuf. Verser dans un plat à gratin, disposer dessus des noisettes de beurre. Mettre au four et faire bien dorer. Servir chaud.

A son retour d'Italie en 1519, François Ier a des projets grandioses pour Romorantin. L'inconfort de la demeure familiale, l'insuffisance de ses logements pour une cour brillante, le goût du faste, l'amènent à souhaiter en ce lieu qu'il aime, un château aux mesures du roi qu'il est devenu. Il demande à Léonard de Vinci dont le génie le fascine de concevoir une ville nouvelle et une résidence royale sur les bords de la Sauldre. Après une étude des lieux, Léonard de Vinci dessine les plans d'un gigantesque palais à cheval sur les deux rives de la Sauldre, à l'ouest du château des Comtes d'Angoulême. Il conçoit aussi un grand programme de travaux hydrauliques. Malheureusement, ce projet ne sera pas réalisé à la mort de Léonard de Vinci. Le roi se tourne alors vers Chambord.

Léonard de Vinci s'éteint à Amboise à l'âge de 67 ans. ■

Le saviez-vous ?

## Petits métiers insolites

*Et puis, il y avait les métiers que l'on pourrait qualifier d'insolites. Le "marchand de feu", qui dès l'aube, par les petits matins d'hiver, s'installait sur les places de marché et pour une somme modique, garnissait les chaufferettes (boîtes que l'on remplissait de braise pour chauffer les pieds). Il transportait ses braises dans une voiture de fer tirée par un cheval en criant "Feu! Feu! Mesdames, garnissez vos chaufferettes". Les "Pleureuses", que l'on payait autrefois pour pleurer aux funérailles. Plus elles versaient de larmes, plus elles touchaient d'argent. Le "marchand d'oublis" consistait à vendre une sorte de pâtisserie très mince en forme de cornet. Le "marchand de plaisir" se faisait rémunérer sur sa voix.*

**Avril 2013**

Lundi **8** Avril
**Ste JULIE**

**matin**

**après-midi**

Mardi **9** Avril
**St GAUTHIER**

**matin**

**après-midi**

Mercredi **10** Avril
**St FULBERT**

**matin**

**après-midi**

Jeudi **11** Avril
**St STANISLAS**

**matin**

**après-midi**

Vendredi **12** Avril
**St JULES**

**matin**

**après-midi**

Samedi **13** Avril
**Ste IDA**

**matin**

**après-midi**

Dimanche **14** Avril
**St MAXIME**

**matin**

**après-midi**

Avril 2013

Lundi **15** Avril
St PATERNE

matin

après-midi

Mardi **16** Avril
St BENOÎT-J.

matin

après-midi

Mercredi **17** Avril
St ANICET

matin

après-midi

Jeudi **18** Avril
St PARFAIT

matin

après-midi

Vendredi **19** Avril
Ste EMMA

matin

après-midi

Samedi **20** Avril
Ste ODETTE

matin

après-midi

Dimanche **21** Avril
St ANSELME

matin

après-midi

# Les Mensonges
(ronde)

1.
J'ai vu carnaval
Le vingt de décembre.
Qui plantait des poués
Dedans n'un pot d'chambre.
La mi carême anvec lui
Qui fricassait des froumis,
Et chauffaint l'euviau
sur un tas de cendre.

2.
J'ai vu un dindon
Fair' de la dentelle,
Dedans un cruchon
Il jouait d'la vielle !
J'ai vu un chat se baigner
Dans n'un bateau de papier,
Trois cents cordonniers dans n'un nid de merles.

3.
Et j'ai vu le loup,
Un loup et eun' chieuve.
Qui plantaient des choux
Sur le dos d'un lieuve.
J'ai vu aussi eun' barbis
Qu'arrachait les dents d'eun' pardérix
Un bœuf dans n'un siau qui jouait d'la musique. ■

**Source : Maurice Chevais "Chansons populaires "**

## Les petits trucs Beauté

### Un fortifiant naturel et économique pour vos cheveux :

*Le jaune d'oeuf est un après-shampoing parfait. Il est idéal pour tonifier et faire briller les cheveux. Sur les cheveux mouillés appliquez 1 ou 2 jaunes d'oeuf battus et massez du bout des doigts.*

*La recette de Grand-Mère*

# Gigot de mouton aux raisins et au miel

Pour 6 personnes

1 gigot de jeune mouton de 1,5 kg environ (le désosser et réserver l'os)
100 g d'huile d'olive très fruitée • 1 gros oignon jaune finement haché
300 g de raisins secs ébouillantés • 50 g d'amandes effilées
3 cuillerées à soupe de miel d'acacia • Safran, quatre-épices, paprika
Sel, poivre blanc • 1 dl environ de bouillon de volaille
1 cuillerée a café de beurre manié avec 1 cuillerée à soupe de farine

Chauffer une cocotte en fonte, y déposer le gigot et le faire dorer sur toutes ses faces. Le retirer.
Mettre l'huile dans la cocotte, l'oignon, un verre d'eau et faire un roux.
Lorsque le roux est bien doré, remettre le gigot et assaisonner: sel, épices et safran. Verser le bouillon et laisser mijoter.
À mi-cuisson, verser le miel. À reprise de l'ébullition, ajouter les raisins. Couvrir et laisser mijoter encore 20 minutes environ.
Faire légèrement griller les amandes avec quelques gouttes d'huile.
En fin de cuisson, c'est-à-dire au bout de 45 minutes, retirer le gigot, le placer dans le plat de service chaud. Ajouter les amandes grillées à la sauce, la lier avec le beurre manié et porter à ébullition: elle doit napper la cuillère. Vérifier son assaisonnement. Découper le gigot chaud et napper les tranches avec la sauce chaude.
Le service doit être fait rapidement dans des assiettes très chaudes.

*Le saviez-vous ?*

## Paysannes

Les femmes avaient quand même droit à une demi-journée de congé par semaine, mais cela faisait partie de leur travail; c'était le mercredi pour aller au marché de "R'morantin".

On attelait un cheval à la "patache" (carriole bâchée) dans laquelle on chargeait les produits de la ferme : beurre, fromages, lapins, poulets, fruits ou légumes; c'était une sortie très appréciée car cela permettait de retrouver des personnes de connaissance avec lesquelles on pouvait bavarder et échanger des nouvelles.

Même le dimanche après-midi elles n'étaient pas libres. Les jeunes étant partis danser aux assemblées, ce sont elles qui menaient les vaches aux champs. Elles se retrouvaient ainsi parfois une demi-douzaine, assise sur l'herbe ou sur un petit banc portatif, à discuter tout en faisant de menus travaux, tricoter des chaussettes de laine avec 4 aiguilles ou des cache-nez, ou bien raccommoder et repriser des vêtements.

Lundi 22 Avril
St ALEXANDRE
matin
après-midi

Mardi 23 Avril
St GEORGES
matin
après-midi

Mercredi 24 Avril
St FIDÈLE
matin
après-midi

Jeudi 25 Avril
St MARC
matin
après-midi

Vendredi 26 Avril
Ste ALIDA
matin
après-midi

Samedi 27 Avril
Ste ZITA
matin
après-midi

Dimanche 28 Avril
Jour du Souv.
matin
après-midi

Lundi 29 Avril
Ste CATHERINE de SI.

matin

après-midi

Mardi 30 Avril
St ROBERT

matin

après-midi

Conte d'Hier...

## Le Petit Chaperon rouge (5-6)

Pendant ce temps le petit Chaperon rouge s'amuse à cueillir des noisettes et à courir après les papillons, à jouer le long du chemin et à faire des bouquets de petites fleurs.

Le loup arrive à la porte de la grand'mère, il heurte, toc, toc ! qui est-là ! c'est votre petite fille qui vous apporte une galette et un petit pot de beurre, dit le loup en contrefaisant sa voix.

(Suite page 58)

# Le repos de Pâques

Notre village ne peut qu'être aimé du Bon Dieu, se plaisait à répéter le curé . Son seigneur est si pieux, si parfait!

Et il est vrai que partout dans la région, on en pouvait que citer en exemple l'excellent comte de Clermont.

Tous les matins, dès les premières lueurs du jour, le comte réveillait son monde pour la messe du matin. Il veillait personnellement à ce que personne ne se défilât. Il était préférable d'obéir. Et si par malheur, tel charretier, tel vacher, tel jardinier, telle servante... venait à manquer, il vallait mieux qu'il ait une bonne et solide excuse. Car le soupçonneux seigneur n'hésitait pas à envoyer Gervais, son homme à tout faire, pour s'assurer que l'absent était bel et bien souffrant. Sinon, gare aux menteurs, aux paresseux!

De plus, Monsieur le comte ne manquait jamais de faire la charité, donnant aux pauvres et soulageant la détresse. Une fois par mois, il se rendait à Bourges pour visiter quelque hospice. Il y distribuait lui-même du lait chaud et des petits pains qu'il avait pris soin de faire fabriquer tout exprès pour ces malheureux qui le regardaient comme le Messie.

S'appliquant à lui-même ce qu'il imposait aux autres, pendant le temps du Carême, le comte de Clermont respectait une discipline de fer. Il jeûnait avec une rigueur extrême, se contentant d'un peu de pain, de bouillon aigre et d'eau claire. D'ailleurs à la fin du Carême, il était méconnaissable, sa maigreur et sa pâleur était effrayante.

suite page 45

Remède d'autrefois, déconseillé...

### Orgelets (oryious — thordeolus)

*Jadis on priait le maréchal-ferrant de vous enfoncer un clou de fer dans le lobe de l'oreille ; — on a remplacé ce supplice par l'"orillette" ou anneau d'or. — Cataplasme à l'eau de "makèye" ou fromage blanc, ou caillebote, avec un blanc d'œuf. — Signer avec un anneau de mariage échauffé par frottement sur un tissu de laine ; — ou avec le coin du pan de chemise, au moment de rentrer au lit.*

...pour les malades d'aujourd'hui !

Ses grands yeux froids et exaltés emplissaient son visage. Il pouvait, quotidiennement, passer des heures et des heures en prière. A l'heure des repas, il faisait sceller son cheval, et accompagné de trois ou quatre hommes de maison, il allait vérifier sur ses terres si le jeûne était parfaitement respecté. Il poussait, au hasard de ses sorties, la porte d'une demeure, plongeait le nez dans les écuelles, soulevait les couvercles des gamelles et, malheur à qui était pris en faute. Le morceau de lard ou le choux gras était rédibitoire et entraînait une douloureuse bastonnade.

A la fin du Carême, il s'installait au fond de la petite église, du lever du jour jusqu'au soir tombé, pour s'assurer que tous ses sujets se rendaient bien un à un à confesse. Lui-même confessait ses péchés lors de séances interminables. Lui si intègre, si honnête... avait-il donc des choses à se faire pardonner?

Le curé, qui savait fort bien quel rôle on attendait de lui, n'oubliait d'ailleurs pas d'imposer une belle pénitence à son illustre brebis. Et souvent, en ces veilles de Pâques, on pouvait voir le seigneur passer une nuit entière, en prière devant l'autel.

Ce qui devait arriver, arriva. La suspicion, l'intégrisme du comte provoquèrent un bien sombre drame.

Un jour de Pâques radieux, le comte de Clermont, après avoir assisté à la messe dans un recueillement tout particulier, s'était décidé pour une promenade à cheval avec une partie de sa famille. Le soleil d'avril assez chaud et le printemps naissant faisant chanter les oiseaux avaient mis la petite troupe d'une excellente humeur.

S'en revenant par les terres de la Grand Maison, les cavaliers vinrent à passer près de cette belle et grande ferme.

Soudain, le seigneur retient son cheval. Son teint est devenu d'une pâleur éffrayante. Sa mâchoire volontaire se crispe en un mauvais rictus.

- Aurait-on osé commettre un tel crime! marmonne-t-il, furieux.

Martin, brave paysan, est sur son toit où il replace quelques tuiles déplacées par le grand vent de la nuit.

- Le gueux, tonne le comte. Il ose offenser le seigneur! Voyez cet homme vous autres, ce païen, ce suppôt de Satan qui ose travailler le jour de Pâques.

Un silence pesant couvrait la campagne, même les oiseaux s'étaient tus. L'homme sur le toit était resté figé, saisi d'une peur panique. Il n'avait pourtant pas le choix, il fallait bien réparer ces tuiles, de gros nuages d'orage montaient dans le ciel...

Mais pour le comte, ces raisons n'étaient pas recevables. Le péché était trop grave. La faute impardonnable. Aucun châtiment ne serait assez dur pour réparer un tel crime.

Alors, sans montrer la moindre hésitation, sans écouter les explications du bougre, le si religieux seigneur prit le fusil qui ne le quittait jamais, le chargea et fit feu, tuant net le malheureux fermier. Un silence poignant succéda à la détonation. Le comte, sûr de son bon droit, lâcha:

- Le Ciel voulait que ce mécréant fût châtié ainsi, et de ma propre main ! ■

G.B

## Métier d'autrefois

**En quelques décennies et selon les régions avec plus ou moins de retard, la charrue en fer remplace la vieille araire en bois, la moissonneuse-lieuse et la faucheuse supplantent les faucilles et les faux, les remorques détrônent les animaux de bât.**

# L'Apothicaire

Bien avant que les pharmaciens aient pignon sur rue, il existait des boutiques d'apothicaires dont le rôle était de préparer des potions pour soigner les malades, de vendre des remèdes divers. Dès le Moyen Âge, les enseignes étaient présentes dans les rues des villes.

En 1258, saint Louis leur accorde un statut de fabricant et de vendeur, légalisant leur existence. Ils utilisent de nombreuses plantes pour préparer des onguents, des potions ou des sirops. Ils connaissent les vertus de chacune et se procurent même des plantes d'outre-mer, rapportées lors d'expéditions maritimes, comme le tabac, le café, le quinquina, l'opium.

Les médecins prescrivent le traitement sur des réceptes (ancêtres de l'ordonnance), expliquant la préparation qu'ils souhaitent pour leur patient. Le roi veut éviter la propagation des charlatans qui vendent n'importe quoi à un peuple crédule. La sorcellerie est alors très ancrée, surtout dans les campagnes. En 1352, Jean le Bon interdit à toute personne autre que les apothicaires de préparer des médicaments et il oblige ces derniers à se référer à un livre commun, *l'antidotaire Nicolas*. Néanmoins, les guérisseurs continuent d'avoir la part belle, car ils ont la confiance des petites gens, se déplaçant dans les fermes et se faisant payer en nature (un poulet, des œufs).

A cette époque, les apothicaires exercent parallèlement la profession d'épiciers et on trouve un peu de tout dans leur boutique.

Ce n'est qu'en 1777 qu'ils sont reconnus comme tels et obtiennent le monopole de la vente de médicaments en appartenant au Collège royal de pharmacie. C'est la fin des apothicaires au profit des pharmaciens.

Ils continuent à préparer des remèdes avec des plantes, mais peu à peu, des produits chimiques apparaissent et entrent dans la composition des médicaments : alun, kermes, arsenic, chlorate de potassium...

Le mot « pharmacien » s'installe progressivement et détrône complètement le mot « apothicaire ». Des écoles de pharmacie sont créées pour former à cette nouvelle profession qui demande plusieurs années d'études.

Pourtant le pharmacien reste le digne successeur de l'apothicaire car il prépare lui-même ses médicaments, mélangeant divers ingrédients.

Jusque dans les années 1950, les médecins prescrivaient des préparations : pilules, onguents, collyres, potions fabriquées à partir de matière première comme le bismuth, la codéine, l'aspirine, le benzoate de soude conservés dans de jolis pots de faïence. Le pharmacien pesait méticuleusement les quantités nécessaires sur une minuscule balance, le trébuchet, sensible au centigramme près. Une véritable cuisine ! Il fabriquait des cachets et même des gélules, tout ceci manuellement.

Puis apparaissent des médicaments qui rencontrent rapidement un vif succès : jouvence de l'abbé Soury, pastilles Pulmoll... dont la publicité est faite dans les journaux.

Il faudra attendre le milieu du vingtième siècle pour assister au développement des laboratoires pharmaceutiques et la production en série de médicaments vendus par boîtes.

En 1945 arrive la pénicilline, véritable révolution dans le monde de la médecine. Cependant les pharmacies des années 1950 ne connaissent pas encore la parapharmacie et les produits de beauté. Seule l'eau de Cologne est vendue au détail. Chaque client apportait son flacon que le pharmacien remplissait avec son éprouvette.

A cette époque, les médicaments étaient utilisés avec parcimonie car les remboursements de la Sécurité sociale n'existaient pas encore. Puis dans les années 1960, le formidable essor du modernisme a gagné les pharmacies. Les laboratoires se sont multipliés et les médecins ont abandonné les préparations au profit des médicaments tout faits. La prise en charge par la Sécurité sociale a permis à tous de bénéficier des soins, donnant un essor formidable au chiffre d'affaire des pharmacies. ■

Carnet de notes de Papounet le jardinier

# Du jardin d'hier...

*Dans la marmite*

## Soupe glacée aux radis et au fromage blanc

**3 bottes de radis**
**2 gros oignons • 2 échalotes**
**300 g de fromage blanc battu • 1/2 cuillère de moutarde**
**10 g de beurre • Sel, poivre du moulin**

***Peler et émincer l'oignon et l'échalote. Eplucher les radis et les laver à l'eau courante. Faire fondre l'oignon, l'échalote et 3/4 des radis dans le beurre pendant 5 minutes. Recouvrir avec 3/4 de litre d'eau, assaisonner et laisser mijoter pendant 30 minutes. Ensuite mixer la soupe et la laisser refroidir. Incorporer le fromage blanc, le reste des radis finement émincés et la moutarde. Mélanger doucement et servir glacé, décoré avec quelques feuilles de menthe.***

## Les Radis

Les radis adorent les sols frais et légers. Le radis rose se cultive dans un climat tempéré, le noir est beaucoup moins exigeant. Après les dernières gelées, semer sous abri les premiers radis roses de printemps jusqu'au mois de juin. Ensuite semer les radis d'été. Le radis noir sera semé en septembre. Compter environ 3 à 4 semaines avant de récolter les roses et un mois de plus pour les radis noirs. Semer au fond d'un sillon d'1 cm de profondeur, recouvrir légèrement de terreau et arroser. Éviter de semer épais, sinon éclaicir pour favoriser un bon développement des racines. En cas de forte chaleur et insufisance d'eau, le goût poivré des radis a tendance à se renforcer, et il devient creux et fibreux.

**Le radis est recommandé pour son action sur le foie et la vésicule biliaire. Il est riche en vitamines B et C et en fibres.**

## Le Melon

Le melon aime une terre riche en matière organique et en potassium. En région plus fraîche, il faut planter le pied de melon en situation très ensoleillée et abritée. La distance de plantation est d'environ un mètre entre chaque pied. Il est très gourmand en eau, le fait de pailler apportera tout au long de l'été une bonne fraîcheur. Le melon est très souvent atteint par l'oïdium ; c'est pourquoi mieux vaut faire attention de ne pas mouiller le feuillage. Une pulvérisation par semaine de soufre et de bouillie bordelaise permet de prévenir toutes les maladies.

*Un bon outil :*

## Le plantoir

Le plantoir est certainement l'outil le plus basique de la panoplie du jardinier. Un simple bâton pointu suffit à trouer le sol pour y placer des graines ou divers plants. Depuis des millénaires on fait un plantoir à partir d'une branche coudée ou d'un manche cassé.

**Extrait du *Potager à l'assiette* de Jean-Marc Gourbillon, aux éditions CPE**

Montrichard - Entrée de la ville

# Photographies d'hier

11 MONTRICHARD (L.-et-C.). — L'Escalier du Château et l'Hôpital — LL.

# Mai

" Le nationalisme est une maladie infantile. C'est la rougeole de l'humanité. "

**Albert Einstein**

Taureau

Du 21 avril au 21 mai

Gemeaux

Du 22 mai au 21 juin

Balade dans les rues de Bourré

**Proverbe**

Fille qui siffle,
Coq qui pond,
Portent malheur à une maison.

# 2013

## Joli mois de mai

Selon certains, on le nomma *maïus*, en l'honneur des sénateurs qu'on appelait *majores*. D'autres, au contraire, prétendent que mai vient du nom de la déesse Maïa, fille d'Atlas, et mère de Mercure. Ce mois était placé sous la protection d'Apollon, et personnifié sous la figure d'un homme entre deux âges, vêtu d'une robe ample à grandes manches, et qui portait une corbeille de fleurs sur la tête.

Dans la nuit précédant le 1er mai, les jeunes gens des campagnes accrochaient des « mais », bouquets de branchages ornés de guirlandes, au-dessus de la porte des maisons où vivaient de belles et jeunes filles. Et l'on avait grand soin d'accrocher autant de « mais » qu'il y avait là de filles à marier. Bien évidemment, le garçon amoureux s'appliquait à réaliser un « mais » plus beau que celui des autres à l'intention de celle qui tourmentait ses nuits et qu'il avait l'intention de séduire.

En mai, si à l'horizon se dessinent les douces températures du printemps, quelques résidus de la rude saison sont susceptibles par surprise de nous jouer de vilains tours. Qui na jamais dit «Mi-mai, queue dhiver » ? Ces résidus, on les appelle les saints de glace et le tiercé gagnant se situe les 11, 12 et 13 mai avec Mamert, Pancrace et Gervais.

## La cerise

Le cerise est le fruit de ma jeune impatience. C'est celui dont le trajet de la fleur à la bouche est le plus court. Jadis il me servait de mesure aux progrès du printemps, à l'arrivée des beaux jours. Et la première, que je crevais en hâte entre mes dents à moitié verte, avait le goût fade mais enivrant du premier baiser. Et puis venait la plénitude, la grêle rouge qui restait suspendue sur ma tête lorsque j'étais sous le bonheur de l'arbre. Plus tard, dans la foulée, quand déjà était arrivée à maturité la pêche, j'admirais la cerise qui avait commencé à distiller le sucre de l'été en petits bonbons anglais devenus rares sur les branches et dont il ne fallait pas abuser, question glycémie. Puis l'été, ingrat, oubliait l'arbre et ses feuilles, qui n'abritaient plus que la nostalgie de ma mère en ses vieux jours.

**P.V**

**Mai 2013**

Notes

Mercredi **1er** Mai
Fête du travail

matin

après-midi

Jeudi **2** Mai
St BORIS

matin

après-midi

Vendredi **3** Mai
St PHIL., JACQ.

matin

après-midi

Samedi **4** Mai
St SYLVAIN

matin

après-midi

Dimanche **5** Mai
Ste JUDITH

matin

après-midi

# Cheux soué

## (chanson)

J'soum v'nu au monde à la maison
Anvec qu'euqu'uns, pour nous prend' su leux g'noux
Qu'ça soué à la boun' ou la mauvais' saison
On pouvait déjà dis' j'soum's, cheux nous.

J'avions des émis, j'avions itou des vouésins
J'avions d'la famille dans tous les endrets
Et même que j'allions cheux tous les cousins
On t'est ben contents d'rentrer, chacun cheux soué.

J'on connu une droliée qui m'invitin, cheux elle
Et après a l'est revenue, cheux moué.
A l'a fini à pu ête demoiselle
Et cheux nous, tout deux, ç'atait l'meilleur endret.

Et pi j'avons été obligé d'quitter, nout maison
J'tais pas ben grous, a t'est pas ben haute
J'rentrons souvent ben las, anvec le pleyon
C'est pas ren, que d'travailler, cheux les autes !

Cheux nous, ç'atait ben pu p'tit que, cheux eux
Mais la soupe a t'est toujou, ben chaude
Et pourtant un p'tit cheux soué, c'est ben mieux
Sûrement, qu'un grand, cheux les autes.

Mais j'allons vieilli, j'aurons moins d'amis
Le bonheur, ça peut pas toujou durer
Faut s'mette dans l'idée, qu'un jour, y faura parti
L'pus tard possibe, et quitter, son cheux soué. ■

**Roger Blanchard**

*Les petits trucs Beauté*

**Un masque hydratant en quelques minutes :**

*Placez des rondelles de concombre sur le visage, et laissez agir quelques minutes. L'eau contenue dans le concombre hydrate la peau de façon efficace et économique. L'avocat est également un fruit très hydratant : mixez l'avocat puis appliquez la crème obtenue sur le visage. Laissez agir quelques minutes.*

## La recette de Grand-Mère

# Asperges au gruyère râpé

Pour 4 personnes

**1 kg d'asperges • 1 cuillerée à soupe de beurre**
**80 g de gruyère râpé • 50 g de beurre**

Laver soigneusement les asperges à l'eau froide, les éplucher et les couper en égalisant la longueur.
Ficeler les asperges en botte en nouant la ficelle à deux endroits.
Dans une casserole profonde où la botte d'asperges pourra tenir debout, porter à ébullition de l'eau salée, le niveau de l'eau doit être à quelques centimètres au-dessous des pointes.
Faire cuire pendant une quinzaine de minutes. Vérifier la cuisson en piquant la queue d'une asperge avec la pointe d'un couteau qui doit pénétrer facilement.
Égoutter et sécher sur un torchon.
Chauffer le gril du four.
Beurrer un plat à four et ranger les asperges dans ce plat, en couches superposées en parsemant chaque couche de gruyère râpé.
Dans une casserole, à feu modéré, cuir 50 g de beurre jusqu'à coloration. Verser ce beurre sur les asperges et placer sous le gril jusqu'à ce que le fromage soit bien doré.
Servir immédiatement.

## Le saviez-vous ?

# Georges d'Ambroise, évêque (1460 - 1510)

*Fils de Pierre d'Amboise et de Anne de Bueil, il naît au château de Chaumont-sur-Loire. Il devient évêque de Montauban à l'âge de 24 ans et est l'un des aumôniers de Louis, duc d'Orléans. En 1492, il est fait par ce dernier archevêque de Narbonne, puis de Rouen en 1494 et lieutenant-général de la Normandie sous Charles VIII. En 1491, il négocie le mariage de Charles VII et d'Anne de Bretagne. Lorsque Louis XII monte sur le trône, il le désigne comme principal ministre. Georges d'Amboise remplit avec intégrité et habileté ses fonctions de ministre qu'il conservera jusqu'à sa mort. En 1498 il est nommé Cardinal. Il devient alors Légat du Pape de France et manque de peu d'être élu Pape. Georges d'Amboise est aussi connu pour avoir été un grand mécène : lorsqu'il devient archevêque de Rouen,il s'attache à embellir la cathédrale de Rouen et à faire agrandir le palais épiscopal. Son oeuvre la plus remarquable est sans doute l'ensemble des travaux qu'il a fait réaliser dans le château de Gaillon, résidence d'été des archevêques de Rouen, qui se transforme en quelques années en un véritable palais où il transpose sa vision de l'Italie. Il meurt à Lyon le 25 mai 1510.*

**Mai 2013**

Lundi **6** Mai
Ste PRUDENCE

matin

après-midi

Mardi **7** Mai
Ste GISÈLE

matin

après-midi

Mercredi **8** Mai
ARMISTICE 1945

matin

après-midi

Jeudi **9** Mai
ASCENSION

matin

après-midi

Vendredi **10** Mai
Ste SOLANGE

matin

après-midi

Samedi **11** Mai
Ste ESTELLE

matin

après-midi

Dimanche **12** Mai
Ste JEANNE-D'ARC

matin

après-midi

Mai 2013

Lundi 13 Mai
Ste ROLANDE

matin

après-midi

Mardi 14 Mai
St MATTHIAS

matin

après-midi

Mercredi 15 Mai
Ste DENISE

matin

après-midi

Jeudi 16 Mai
St HONORÉ

matin

après-midi

Vendredi 17 Mai
St PASCAL

matin

après-midi

Samedi 18 Mai
St ÉRIC

matin

après-midi

Dimanche 19 Mai
PENTECÔTE

matin

après-midi

# La louée une coutume locale

La Sologne était pays d'élevage, celui du mouton en particulier. Une race solognote existait, que d'ailleurs des éleveurs locaux ont remis récemment à l'honneur. La laine de ces moutons était travaillée, filée à Nouan-le-Fuzelier et dans les environs. C'est très vraisemblablement à l'importance de cette industrie que l'on doit le vocable de "Le Fuzelier", la fuzelle désignant la quenouille des métiers à filer.

La région de Nouan connaissait aussi une intense activité forestière. On y fabriquait des fagots, des balais et aussi des cotrets, courtes bourrées destinées au four des cuiseurs de pain. On y produisait également, comme presque partout en Sologne, du charbon de bois. Des gens, des familles entières vivaient de, et souvent dans la forêt. On peut supposer que la misère, l'ignorance, la superstition étaient le lot commun du fond des bois, et c'est très certainement autour d'eux que s'est créée la légende de "Nouan terre de sorciers".

Les femmes du pays travaillaient elles aussi, à une fabrication originale et totalement disparue, et il existait à Nouan jusqu'à la dernière guerre mondiale une usine d'allumettes longues appelées ligots.

Les travailleuses solognotes étaient payées au rendement. Leur labeur consistait à tailler ces bûchettes dont la longueur était d'environ une main et à enrober de résine une de leur extrémité. Ces allumettes servaient à allumer les fours, les forges, les foyers de briqueterie et également les grandes cheminées des châteaux.

Le travail des bois occupait pratiquement tout l'hiver depuis la Saint-Martin jusqu'aux premiers beaux jours. C'est le dimanche précédant la mi-juin que se tenait la très fameuse "Louée" de Nouan.

suite page 53

## Les petits trucs Beauté

**Pour lutter contre les poches sous les yeux :**

*La pomme de terre est un allié redoutable contre les poches sous les yeux. Coupez une pomme de terre crue et appliquez-la en cataplasme sur les poches pendant 15 minutes.*

## La recette de Grand-Mère

# Ris de veau aux morilles

**Pour 4 personnes**

**6 noix de ris de veau • 500 g de morilles (ou girolles, ou champignons de couche) 2 oignons • 1 verre de vin blanc • Farine • 10 cl d'huile 15 cl de crème fraîche • Sel, poivre**

Faire dégorger pendant plusieurs heures dans de l'eau froide les ris de veau.

Les faire blanchir dans de l'eau bouillante. Les retirer au bout de quelques minutes et les nettoyer en prenant soin d'enlever les parties graisseuses et cartilagineuses. Émincer deux oignons et les faire revenir dans de l'huile, ajouter un verre de vin blanc et laisser fondre à petit feu.

Laver les morilles, les égoutter et les faire revenir dans de l'huile afin qu'elles rendent leur eau. Lorsqu'elles commencent à dorer, ajouter les oignons et leur jus. Couper les ris de veau en gros cubes. On les roule dans de la farine et on les fait dorer dans une sauteuse.

Ajouter les morilles et les oignons, saler, poivrer et laisser cuire 5 minutes. Verser la crème fraîche et faire épaissir en remuant.

## Place de l'Eglise, Agence pour l'Emploi

La "Louée" était une assemblée où se rassemblaient, sur la place de l'Eglise, tous les journaliers des environs et tous les propriétaires fermiers de la contrée pour décider de l'embauche en vue des travaux des champs.

Les "maîtres" faisaient leur choix et les parties débattaient du montant des gages, tentaient de se mettre d'accord. La discussion était d'autant plus âpre que les accords conclus à Nouan-le-Fuzelier servaient en quelque sorte de base pour la plupart des campagnes de la région.

suite page 54

Le saviez-vous ?

## Les amoureux

*On donne ce nom en Sologne et dans le haut Berry, aux graines légères de pissenlits que le vent propage dans les campagnes aux mois d'août et de septembre. Au début du XXe siècle, les jeunes filles les attrapaient quand elles le pouvaient, elles les plaçaient dans leur corsage en disant : Encore un de pris. C'était là une allusion à l'amoureux qu'elles pouvaient attraper au vol. Les solognotes avaient « l'âme mariante de très bonne heure ». Aussi, elles mettaient beaucoup d'empressement et faisaient preuve d'habileté, pour ne point laisser échapper l'amoureux du pissenlit !*

## Mai 2013

**Lundi 20 Mai** — LUNDI de PENTECÔTE

matin

après-midi

**Mardi 21 Mai** — St CONSTANTIN

matin

après-midi

**Mercredi 22 Mai** — St ÉMILE

matin

après-midi

**Jeudi 23 Mai** — St DIDIER

matin

après-midi

**Vendredi 24 Mai** — St DONATIEN

matin

après-midi

**Samedi 25 Mai** — Ste SOPHIE

matin

après-midi

**Dimanche 26 Mai** — Fête des Mères

matin

après-midi

Lundi 27 Mai
St AUGUSTIN

matin

après-midi

Mardi 28 Mai
St GERMAIN

matin

après-midi

Mercredi 29 Mai
St AYMAR

matin

après-midi

Jeudi 30 Mai
St FERDINAND

matin

après-midi

Vendredi 31 Mai
VISITATION

matin

après-midi

Notes

# La louée une coutume locale (suite)

Les employés de fermes pouvaient être engagés soit à l'année à partir du 24 juin (La Saint-Jean), soit pour la saison d'été (les 4 mois) ou celle de l'hiver (les 8 mois) simultanément de la Saint-Jean à la Toussaint.

Pour indiquer qu'ils étaient à louer, le domestique accrochait une feuille à son chapeau, la servante arborait une fleur à son corsage et le charretier se mettait un fouet à l'épaule.

La hiérarchie s'établissait ainsi : le vacher (le plus bas de l'échelle), le bricolin (nom donné au second charretier) et le charretier (l'homme de confiance très qualifié).

Des qualificatifs plus savoureux, et surtout plus ironiques, s'adressaient également à certains individus communément appelés : «arricandiers», homme aux 36 métiers, «bernassiers», celui qui commence tout et ne finit rien, «boisserier», spécialisé dans le charbon de bois, «chenassiers», coureurs de filles, ou encore «vaqu'à tout», servante employée à tous les menus travaux de la ferme.

Le louage n'était définitif que lorsque le domestique avait reçu la «pièce» de son futur employeur, une pistole le plus souvent. Il ne pouvait, alors, se désister qu'en rendant le double de cet argent dans les 24 heures.

Plus ou moins à l'aise, le «loué», au jour de la Saint-Jean ou de Toussaint, prenait son premier repas chez son nouveau propriétaire, qualifié de «soupe honteuse».

La Louée de Nouan le Fuzelier était très réputée et concernait le louage pour 4 mois. Elle était la première de la Sologne, ce qui lui donnait une certaine importance car elle servait de référence quant à l'établissement du prix des «louages».

Avec l'apparition du chemin de fer et les transformations apportées par une relative industrialisation en Sologne, ces traditions, pourtant anciennes, perdirent de leur importance, pour disparaître totalement peu après la Seconde Guerre mondiale.

Nouan-le-Fuzelier entrait dans l'ère moderne. Les mœurs professionnelles et sociales changeaient ainsi qu'une partie de la population.

Le gagne-pain n'était plus dans la forêt, ni aux champs. Les sorciers de Nouan passaient la main et la «louée», grâce au dynamisme des habitants de la ville, entrait dans le folklore traditionnel solognot. ■

G.B.

Remède d'autrefois, déconseillé...

## Rage dentaire

*Porter un paquet renfermant une gousse d'ail hachée ; — porter en collier un boyau de chat mort. — Boire un jaune d'œuf dans de la bière pour "rasseoir le sang".*

...pour les malades d'aujourd'hui !

Carnet de notes de Papounet le jardinier

# Du jardin d'hier...

Dans la marmite

## Velouté de laitue au cerfeuil

3 laitues • 2 oignons • 80 g de beurre
450 g de pommes de terre • 15 cl de crème fraîche
2 jaunes d'œufs • 1 l de bouillon de volaille
Gros sel, poivre du moulin

***Nettoyer les laitues et les ciseler. Faire revenir au beurre les oignons hachés très finement sans coloration. Ajouter les laitues ciselées et laisser cuire quelques minutes puis mettre les pommes de terre coupées en dés. Mouiller avec le bouillon de volaille et laisser cuire 20 minutes. En fin de cuisson mixer le velouté puis lier aux jaunes d'œuf préalablement mélangés à la crème. Rectifier l'assaisonnement, servir aussitôt avec quelques pluches de cerfeuil en surface.***

## La Laitue

La laitue apprécie une situation ensoleillée, une bonne humidité avec une terre bien fertile. D'une manière générale, les laitues sont semées en pépinière ou sur place. Dans le premier cas de figure, faire un repiquage à 25 cm en tous sens quand les pieds auront 4 feuilles. Il est important de ne pas repiquer trop profond et surtout de ne pas enterrer le collet. Une autre méthode consiste à repiquer en motte quand les plants ont 2 feuilles, puis à les mettre en place normalement à 4 feuilles. Ceci permet une meilleure reprise. Pour la culture sur place, faire des sillons de 1 cm de profondeur, en semant léger, puis éclaicir avec les mêmes distances. La levée doit être rapide, entre 3 à 6 jours maximum. Planter les laitues entre les plants de tomates ; ainsi, elles auront plus d'ombre et monteront moins rapidement en graines, à condition de ne pas traiter les tomates.

## La Fraise

Les fraisiers demandent une terre humifère, riche en humus et bien drainée. Ces plantes, très gourmandes, épuisent rapidement le sol. Elles doivent être changées d'emplacement tous les 3 ans. Les distances de plantation sont de l'ordre de 60 cm entre les rangs et 35 cm entre les plants. Après 2 ou 3 semaines, effectuer un paillage complet avec de la paille de blé, pour garder un terrain propre et surtout une bonne humidité. L'oïdium et la pourriture grise sont les principales maladies. Limiter les engrais azotés qui favorisent la pourriture. Sur terrain humide, on plantera de préférence des variété remontantes. Traiter à la bouillie bordelaise uniquement sur le feuillage, et avant la formation du fruit.

***Un bon outil :***

### L'arrosoir

L'arrosoir est principalement utilisé en jardinage, servant à l'arrosage manuel des plantes ou des semis, mais sa capacité à transporter du liquide et à le déverser de manière précise en font un objet utilisable dans d'autres contextes.

Extrait du *Potager à l'assiette* de Jean-Marc Gourbillon, aux éditions CPE

# Photographies d'hier

# Juin

" La popularité, c'est d'éternuer
à l'écran et de recevoir le lendemain des centaines
de cartes postales avec écrit : à vos souhaits."

**Léon Zitrone**

Gemeaux

**Du 22 mai au 21 juin**

Cancer

**Du 22 juin au 23 juillet**

*Balade dans les rues de Lamotte-Beuvron*

Dicton :

À moitié bien, tenons-nous y :
Peut-être ailleurs serions-nous pis.

# 2013

## Solstice

Pour expliquer l'étymologie du nom, on suppose que ce mois a été consacré soit à Junon, soit à Hébé, déesse de la jeunesse, soit à Junius Brutus, fondateur de la liberté romaine.

Ausone, poète latin, personnifie de cette manière le mois de juin.

Les deux fêtes principales que célèbre la religion catholique en ce mois sont la Trinité et la Fête-Dieu.

La Saint-Jean c'est le solstice d'été, et il faut que tout le monde le sache. Donc on allume de grands feux de joie sur les places et de grands feux d'artifice dans le ciel quand la ville a un standing suffisant. On festoie puis on va, si on est courageux, cueillir l'herbe de la bonne aventure à potron-minet, et en tous cas avant le lever du soleil. Mais bien fin qui pourrait distinguer la Saint-Jean de la Saint-Jacob ou de la Saint-Éloi, des jours d'avant ou des jours d'après. Il n'y a entre ces nuits pas l'épaisseur d'un cheveu noir. Moi, dont les instruments de mesure sont plutôt grossiers, je vis un long solstice, qui coupe de larges tranches dans juin et dans juillet. L'apogée de la vie est alors si visible qu'on est bien obligé d'y croire ; de croire à la fin du cholestérol et de la bêtise humaine, à la fin de l'exploitation de l'homme par l'homme et du pillage impuni par certains de la vaste planète de tous... surtout que croire ne coûte rien.

## L'abricot

L'abricot a hâte de mûrir, comme certaines fillettes ont hâte d'être femmes. Tant pis s'il doit rester plutôt petit. Il est comme le printemps pressé d'arriver à l'été, et il lui reste de ce fait une pointe de vert en bouche. Encore à l'école de l'arbre, qui en mène des ribambelles dans ses branches, on le lâche dans les rues et les marchés pour les grandes vacances. C'était le favori de mon père, qui le mariait au vin doux et au sucre pour un succulent dessert. Moi je le prends nature, mais en petite quantité, parce que mon estomac proteste vite de son acidité et de sa vigueur. Jeune, c'est un fruit de jeunes, mais il sait s'imposer à tous toute l'année sous forme de confitures, parce que là personne, je dis bien personne, ne peut lui faire la pige.

**P.V**

Conte d'Hier...

## Le Petit Chaperon rouge (7-8)

Croyant que c'était sa petite fille, la grand'mère de son lit lui cria : *tire la chevillette, la bobinette cherra.*

Le loup tira la chevillette et la porte s'ouvrit, il se jeta sur la grand'mère et la dévora en moins de rien, car il n'avait pas mangé depuis trois jours

(Suite page 72)

## Juin 2013

Samedi **1er** Juin
St JUSTIN

matin

après-midi

Dimanche **2** Juin
Ste BLANDINE

matin

après-midi

# La bourrée

George Sand, qui a laissé sur la bourrée un grand nombre de témoignages, a longuement observé ses contemporains:

"Le paysan, qui possède à un si haut degré le sens musical, qui chante sans cesse ses peines et ses joies dans de jolies mélodies, aime aussi passionnément la danse. Autrefois, chaque dimanche, les villageois dansaient sur la pelouse, entre la messe et les vêpres. S'il n'y avait ni vielleux, ni cornemuseux, ils chantaient un air sur le tra la la!"

Le Solognot dansait également "La Sabotée", sorte de lourde marche qui rappelait le tassage de la terre battue dans les granges. Il dansait à la "Jônée" le jour de de la Saint-Jean, à la "Louée" des valets et des servantes de ferme, à la "Gerbaude" pour la dernière gerbe des moissons... Il dansait à certains pèlerinages, aux nombreuses foires, à la fin des travaux des champs, ou encore lors du semis du chanvre, ainsi que, bien entendu, dans les différentes assemblées de villages, où toute la population, sans exception, participait joyeusement.

"Depuis le sous-préfet jusqu'à la jolie grisette qui a plissé, la veille, le jabot administratif; depuis la noble châtelaine jusqu'au petit pâtour... qui nourrit sa chèvre et son mouton aux dépens des haies seigneuriales. Tout cela mange sur l'herbe, danse sur l'herbe, avec plus ou moins d'appétit, plus ou moins de plaisir".

Les danseurs portaient la biaude, le pantalon de feutre, les sabots, les guêtres et le "Couémiot" (chapeau à larges bords) qui doit son nom au champignon la Couamelle (coulemelle). Et les jours de grande fête, le pantalon rayé gris clair, gris foncé, le gilet noir, la ceinture de flanelle et le chapeau de fête. Les danseuses, elles, étaient habillées d'une chemise courte, d'un caraco, d'un pisse-debout (culotte fendue), d'un jupon, d'un corset, d'une jupe, de la câline en coton pour les jours ordinaires et de la câline en dentelle pour les jours de fête. ■

Les petits trucs Beauté

### Un masque contre les petites imperfections :

Ecrasez 100 g de fraises, ajoutez 10 cl de lait frais et 5 gouttes d'huile essentielle de lavande (adoucissante et antiseptique). Etalez la préparation sur votre visage et laissez agir au moins 15 minutes.

La recette de Grand-Mère

# Pieds de cochon au vin blanc

**6 pieds de porc • 2 litres d'eau • 1 bouteille de vin blanc**
**3 carottes • 2 oignons • thym, laurier, persil**
**3 clous de girofle • 100 g de beurre • 100 g de chapelure**
**Sel, poivre**

**Pour 4 personnes**

Flamber et nettoyer les pieds de porc, les plonger dans de l'eau bouillante pour arracher les ongles, les rafraîchir et les fendre dans toute leur longueur avant de reformer le pied en attachant les deux moitiés avec du fil.
Faire cuire très doucement pendant une quinzaine d'heures dans un bouillon composé d'eau additionnée de vin blanc, de carottes, d'oignons, thym, laurier, persil, clous de girofle, sel et poivre.
Laisser refroidir dans le bouillon, déficeler, égoutter passer les pieds dans le beurre fondu, puis dans la chapelure.
Les griller ou les réchauffer au four une vingtaine de minutes.
Accompagner ce plat d'une purée de pommes de terre ou d'une purée de pois cassés.

Le saviez-vous ?

## Quelques proverbes sur la Saint-Jean

*La minuit de la Saint Jean*
*Va dans les prés et cueille*
*Un trèfle à quatre feuilles*
*Lorsque tu reviendras*
*Invisible tu seras*
*A toutes sortes de gens.*

*Cueille de la verveine*
*La nuit de la Saint Jean,*
*Nul sorcier méchant*
*Ne te feront de peine.*

*Si Saint Jean fait sa pissette*
*Aux coudriers pas de noisettes*

*Du jour de la Saint Jean, la pluie*
*Rend la noisette pourrie.*

*Eau à la Saint Jean , ôte le vin,*
*Et ne donne pas de pain.*

*A la Saint Jean*
*Perdreaux volants.*

# Juin 2013

Lundi **3** Juin
St KÉVIN

matin

après-midi

Mardi **4** Juin
Ste CLOTILDE

matin

après-midi

Mercredi **5** Juin
St IGOR

matin

après-midi

Jeudi **6** Juin
St NORBERT

matin

après-midi

Vendredi **7** Juin
St GILBERT

matin

après-midi

Samedi **8** Juin
St MÉDARD

matin

après-midi

Dimanche **9** Juin
Ste DIANE

matin

après-midi

Juin 2013

*Lundi* **10** *Juin*
St LANDRY

matin

après-midi

*Mardi* **11** *Juin*
St BARNABÉ

matin

après-midi

*Mercredi* **12** *Juin*
St GUY

matin

après-midi

*Jeudi* **13** *Juin*
St ANTOINE de P.

matin

après-midi

*Vendredi* **14** *Juin*
St ÉLYSÉE

matin

après-midi

*Samedi* **15** *Juin*
Ste GERMAINE

matin

après-midi

*Dimanche* **16** *Juin*
Fête des Pères

matin

après-midi

# L'abbé Moreux, astronome (1867 - 1954)

Théophile Moreux naît le 20 mai 1867 à Argent-sur-Sauldre. Son père, instituteur à La Chapelle-St-Ursin lui donne très tôt le goût de l'étude, l'initiant aux sciences et à la littérature française, grecque et latine. Elevé dans la plus solide piété par une mère aussi intelligente que dévouée, il manifeste, dès sa première communion, le désir d'être prêtre. Après avoir suivi des études au lycée de Bourges, où il laisse le souvenir d'un très bon élève, Théophile Moreux entre au petit séminaire. Il y reste cinq ans, puis il intègre le grand séminaire.

Ordonné prêtre le 29 juin 1891, il devient en 1892 le secrétaire du cardinal Boyer qui sait apprécier ses talents de chercheur et lui offre sa première lunette astronomique. En effet, les astres l'ont toujours intrigué et il leur a déjà consacré de nombreuses heures d'étude. C'est à cette époque qu'il fait ses premières publications. En 1893, il adhère à la Société Astronomique de France où il rencontre Camille Flammarion qui deviendra un ami et son éditeur.

En 1899, il fonde son premier observatoire d'astronomie qu'il installe au petit séminaire de Bourges.

Parallèlement, il participe à de nombreuses expéditions scientifiques lors desquelles il peut étudier des éclipses totales de soleil, comme en 1900 en Espagne et en 1905 à Sfax en Tunisie.

Mars et le soleil deviennent ses principaux sujets d'intérêt. Il publie des dizaines d'articles et d'ouvrages dont certains sont destinés aux spécialistes émérites, d'autres à un public moins averti et qui deviennent des références dans le domaine de la vulgarisation scientifique. En 1903, ses travaux météorologiques lui permettent de prédire dix ans à l'avance les inondations de 1913.

En 1906, un coup d'arrêt est momentanément donné à ses recherches, quand la loi de séparation de l'église et de l'état le dépossède de son observatoire et lui confisque ses instruments.

Persévérant et passionné, l'abbé Moreux réussit grâce aux revenus de ses publications scientifiques à réunir les fonds nécessaires pour construire une maison observatoire au 22 rue Ranchot à Bourges. L'architecture est inspi-

suite page 61

*Les petits trucs Beauté*

## Adieu cheveux fourchus et pointes abîmées :

Ingrédients : 2 cuillerées à soupe de miel liquide,
5 cuillerées à soupe d'huile d'olive de bonne qualité
2 gouttes d'huile essentielle de romarin

*Mélangez tous les composants et appliquez sur les cheveux en insistant sur les pointes. Laissez poser 45 min sous une serviette. Rincez puis lavez vous les cheveux.*

# *La recette de Grand-Mère*

## Fraises au vin rouge

**Pour 4 personnes**

**500 g de fraises bien mûres • 100 g de sucre en poudre**
**1 bouteille de vin rouge**

*Laver, équeuter les fraises. Bien les égoutter. Verser ces fraises dans un saladier. Recouvrir de sucre en poudre.*
*Quand le sucre humide commence à fondre, verser une bonne bouteille de vin.*
*Consommer frais.*
*On peut faire cette salade avec des framboises ou un mélange des 2 fruits.*

rée de ses voyages au Maghreb et l'observatoire est niché dans une coupole.

L'abbé Moreux ne se cantonne pas seulement dans le domaine de l'astronomie. Il devient rédacteur en chef de l'Ouest Eclair, poste qu'il occupe de 1920 à 1939.

Plus tard, il partagera les souffrances de ses compatriotes lors de l'occupation et il s'engage dans la résistance. Arrêté par la gestapo, il est fait prisonnier en 1943, et interné à Fresnes, puis à Orléans et à Bourges, au Bordiot, où il rencontre d'ailleurs le Franciscain de Bourges. Détention très éprouvante pour un homme âgé de 76 ans, mais soutenu par une inébranlable foi dans la nature humaine et le progrès, il survit à son incarcération et reprend ses chères études après la libération. Il meurt d'une crise d'urémie à Bourges en 1954. Il est enterré dans le caveau de famille à Aubigny-sur-Nère.

Ses travaux et l'œuvre d'une vie ont trouvé une reconnaissance mondiale, puisque le nom du célèbre astronome a été donné à un cratère martien. ■

*Le saviez-vous ?*

## Banquet de noces

*Au banquet des réjouissances, les "vieux" tenaient table sans désemparer, parfois plus de quarante huit heures durant. Les jeunes ne s'en levaient guère que pour se livrer au plaisir de la danse. Tout cela au son nasillard de la musette, du violon et celui plus criard de la vielle.*

*Le soir tombé, un jeune garçon alerte et subtil, se glissait sous la table pour subtiliser la jarretière. Lors de la nuit de noces, on ne manquait pas d'offrir la "Rôtie", sorte de soupe composée de tranches de pain grillées et trempées dans du vin chaud, fortement sucrée et poirée, pour redonner vigueur et envie aux amants.*

*Toutes ces réjouissances nuptiales étaient couronnées, le troisième jour par la "plantation du chou", bouffonerie allégorique et philosophique, dans laquelle le chou symbolise la fécondité.*

**Juin** 2013

*Lundi* **17** *Juin*
St HERVÉ

matin

après-midi

*Mardi* **18** *Juin*
St LÉONCE

matin

après-midi

*Mercredi* **19** *Juin*
St ROMUALD

matin

après-midi

*Jeudi* **20** *Juin*
St SILVÈRE

matin

après-midi

*Vendredi* **21** *Juin*
ÉTÉ

matin

après-midi

*Samedi* **22** *Juin*
St ALBAN

matin

après-midi

*Dimanche* **23** *Juin*
Ste AUDREY

matin

après-midi

Lundi **24** Juin
St JEAN-BAPTISTE

matin

après-midi

Mardi **25** Juin
St PROSPER

matin

après-midi

Mercredi **26** Juin
St ANTHELME

matin

après-midi

Jeudi **27** Juin
St FERNAND

matin

après-midi

Vendredi **28** Juin
Ste IRÉNÉE

matin

après-midi

Samedi **29** Juin
St PIERRE-PAUL

matin

après-midi

Dimanche **30** Juin
St MARTIAL

matin

après-midi

# Foire de la Saint-Barnabé à la Ferté-Beauharnais

Pour présenter la Foire de la Saint-Barnabé à la Ferté-Beauharnais sous ses nombreux et attractifs aspects, il est indispensable de faire appel à la mémoire, à celle des archives, mais aussi à celle des personnes qui au cours des années ont perpétué la tradition.

Le nom de Saint-Barnabé est inséparable de celui de la Ferté-Beauharnais, ainsi que la foire qui s'y déroule ce jour-là. C'est sans doute parce que ce charmant village se trouvait au carrefour de grands axes de communications et que ses habitants étaient entreprenants et actifs, que des foires localement et régionalement importantes s'y sont tenues depuis plusieurs siècles.

Un rapide retour aux sources avec la naissance et la rencontre d'un village et d'une foire.

Vers l'an mil, le puissant seigneur de Meung/Loire confiait à ses quatre fils : Imbault, Nabert, Hubert et Avrain, la garde des

suite page 63

Remède d'autrefois, déconseillé...

## Les poux (les pioux)

*Il paraît que les poux sont l'indice d'une bonne santé. Les insectes rongeurs quittent le corps d'une personne malade. — Puces et wandions (punaises) fuient ceux qui ont "le sang salé". — Les chemises cousues le vendredi attirent les poux qur qui les porte. — Pour faire disparaître la vermine, empaler un poux sur une aiguille que l'on piquera dans le manteau de cheminée.*

...pour les malades d'aujourd'hui !

"marches" de son domaine et les autorisait à bâtir sur les rivières de la Sologne, chacun une "Ferté", du latin "féritas" place forte.

Nous les connaissons aujourd'hui sous les noms de : La Ferté-Saint-Aubin, ex Nabert, La Ferté Saint-Cyr, ex Ferté Hubert, La Ferté-Imbault qui a gardé son vocable d'origine.

Avrain de Meung, lui, établissait, dans une boucle de Beuvron, La Ferté Avrain.

L'un de ses fils, Hervé, guerroya en Terre Sainte d'où il rapporta de précieuses reliques. Il fonda l'église en dehors des murs de la forteresse, sur la rive gauche de la rivière. Celle-ci fut consacrée par l'Evêque d'Orléans en 1035.

L'installation des moines dépendant des célèbres chapitres de St Mesmin de Micy, puis de Ste Croix d'Orléans donnèrent à la courgade un développement particulier. On y trouvait même une maladrerie. Ces fondations charitables ne pouvaient vivre, bien entendu, que de revenus réguliers provenant d'installations commerciales, moulins à foulons sur la rivière, domaines agricoles, métairies, étangs, et de droits sur les transactions commerciales… d'où, nous y voilà, la nécessité des Foires.

En 1179, un acte officiel mentionne les foires de Saint-Barnabé (11 juin), Saint-Barthélémy (24 août) et Saint-Thomas (21 décembre) qui, semble-t-il, existaient depuis quelques années déjà.

Des documents de XVe siècle donnent la preuve que se déroulaient, à cette époque, six foires annuelles et que le trafic y était intense pour des marchandises de la région telles que draps, poterie, volailles… celle de la Saint-Barnabé est la seule à avoir survécu aux guerres, aux invasions, aux pillages.

De siècle en siècle et ce jusqu'en 1727, La Ferté-Avrain traversera l'histoire. Cette année-là la famille Beauharnais achète le château et construit en 1730 l'actuelle résidence, elle donnera au village le nom de La Ferté-Beauharnais… avant de donner à la France un empereur en 1852, Louis Napoléon 1er, et de Hortense de Beauharnais, Reine de Hollande.

## Foire de la Saint-Barnabé

Tous les ans, le 11 juin, La Ferté-Beauharnais reçoit, pour le plaisir de tous, les éleveurs de volailles, avec concours et remise de récompenses, des producteurs de plants divers, de fraises, de vins du cru, de fromages. Mais aussi, pour la plus grande joie des badauds, des étalages de toutes sortes, avec de bonnes affaires à la clé, des bonimenteurs, si talentueux qu'on dirait des hommes politiques…, des distributeurs de machines agricoles et d'outillages, sans oublier les forains avec leurs manèges, stands de tir et autres attractions.

La Saint-Barnabé s'adresse à tous, agriculteurs, artisans, ouvriers, ménagères ou simplement promeneurs. Ils sont certains d'y trouver l'objet de leur convoitise.

C'est aussi et surtout l'occasion de rencontrer des amis, des connaissances dans une ambiance de fête, de bonne humeur, en bavardant un petit verre à la main (ou deux, pas plus, pensez à modération !). ■

**G.B**

# Métier d'autrefois

**Voilà le grand silencieux. Par toute la terre, les bergers se ressemblent, beaucoup plus que leurs moutons. Si vous aviez à l'époque traversé la Beauce, la Champagne, les Landes ou la Brie, vous auriez vu l'homme et son troupeau. On ne savait lequel mène l'autre, peut-être le troisième personnage de la bergerie, le chien?**

# Les petits métiers et l'attelage à chien

Ces petits métiers répondaient tous à un besoin. Certains demandaient un tour de main, une façon de faire, d'autres seulement du courage, de la tenacité.

Saviez-vous qu'au début du XVIIIe siècle, il y avait à Paris plus de trois mille « regrattiers ». Ce métier consitait à revendre au détail des denrées diverses comme le menu bois, la viande, le cidre, le poisson, la viande, le sel, le foin, la paille, etc.

Parmi ces métiers, pour la plupart oubliés aujourd'hui, il était des professions qui marquaient par leur originalité. Celle du « crieur de vins » par exemple, qui, d'une voix forte, offrait son breuvage à travers les rues. D'autres étaient considérés comme étant l'apanage de faible constitution physique: les cordonniers, les tailleurs, les cordiers, les tapissiers... par opposition à ceux que l'on regardait avec une attention particulière, voire admiration, comme les sourciers avec leur baguette, les charpentiers, les menuisiers, les maçons, les terrassiers...

L'artisanat fleurissait, on était à la fois le fabricant et le marchand, tels l'artisan chaisier, le cirier ou faiseur de bougies et de cierges, etc.

Et puis, il y avait les métiers que l'on pourrait qualifier d'insolites, tels le « marchand de feu », qui dès l'aube, par les petits matins d'hiver, s'installait sur les places de marché et pour une somme modique, garnissait les chaufferettes (boîtes que l'on remplissait de braise pour chauffer les pieds). Il transportait ses braises dans une voiture de fer tirée par un cheval en criant « Feu ! Feu ! Mesdames, garnissez vos chaufferettes! ». Les « Pleureuses » étaient payées autrefois pour pleurer aux funérailles. Plus elles versaient de larmes, plus elles touchaient d'argent. Le « marchand d'oublis », lui vendait une sorte de pâtisserie très mince en forme de cornet, tandi que le « marchand de plaisir » se faisait rémunérer sur sa voix.

N'oublions pas le marchand ambulant, commerçant itinérant qu'on attendait parfois avec une certaine impatience, comme le ramoneur qui passait au printemps ou la marchande de quatre-saisons.

L'attelage à chien fut parfois utilisé par ces petits métiers.

Parmi les plus gros utilisateurs on trouvait le laitier ou plus souvent la laitière qui livraient leur lait dans les villes, les boulangers pendant leurs tournées de campagne et les marchands de quatre-saisons. Dans ce dernier cas le chien servait de traction auxiliare, le poids de la charge des légumes et des fruits étant élevé.

Dans les régions côtières, les femmes des marins-pêcheurs écoulaient la marée, poissons et coquillages grâce à ces voiturettes.

Le fameux Caiffa du début du XXe siècle avec sa voiturette à trois roues tirée par un chien et portant une boîte à vendre qui contenait jusqu'à 150 kg de marchandises, proposait café, mercerie et épicerie de détail. Sa tournée pouvait atteindre les trente kilomètres en une journée.

Venaient ensuite la cohorte de petits boulots comme le chiffonnier, le marchand de peau de lapin, les rempailleurs, les rétameurs, les rémouleurs, matelassiers, ferblantiers, raccomodeurs de faïence et de porcelaine, ramasseurs de crottins, de pommes de pin, de fagots, les marchands de balais, de journaux, de gâteaux, de charbons... en gros tout ce qui pouvait nécessiter un transport, une tournée, une livraison...

À ceux-là s'ajoutaient ceux que l'on pourrait qualifier d'artistes comme les musiciens ambulants, les marchands de chansons, les chanteurs de rue, les montreurs d'animaux divers...

Il faut préciser que pour la plupart des métiers ou occupations dont nous venons de parler, l'attelage à chien servait pour le transport de marchandise uniquement.

Ce qui n'était pas le cas du facteur qui, lors de ses tournées, montait dans la voiture avec son sac à ses côtés. L'attelage servait dans le transfert du courrier de la gare au bureau de poste, mais aussi pour la distribution dans les campagnes.

On comprend mieux la difficulté d'interdire complètement la traction canine avec son caractère populaire, ses intérêts divers et ses échanges. ■

Carnet de notes de Papounet le jardinier

# Du jardin d'hier...

Dans la marmite

## Fonds d'artichauts gratinés au chèvre

8 fonds d'artichauts • 2 crottins de chèvre
1 fromage de chèvre frais • 1 cuillère de ciboulette ciselée
1/2 citron • 2 cuillères d'huile d'olive
Sel fin, poivre du moulin

*Faire cuire les fonds d'artchauts puis les laisser refroidir. Ecraser les crottins à la fourchette et les mélanger avec le chèvre frais, le jus du 1/2 citron, 2 cuillères à soupe d'huile d'olive et la ciboulette. Saler et poivrer.*
*Farcir les fonds d'artichauts avec cet appareil et les faire gratiner au four th. 6 pendant 25 minutes.*
*Déguster avec une salade verte.*

## L'artichaut

Bêcher profondément et fumer le terrain. En avril tracer des rangs espacés de 1 m, faire des trous tous les 80 cm d'une profondeur de 30 cm et autant en largeur. Mettre un peu de terreau et une poignée de poudre d'os riche en phosphore et en potasse. Disposer les œilletons par deux, recouvrir de terre en formant une cuvette pour faciliter l'arrosage. La deuxième année, bien nettoyer les plants en dégageant la terre autour de la base pour éliminer les rejets sauf deux qui assureront la production de l'année. Ne revenir sur un emplacement utilisé pour les artichauts que 5 années plus tard. Un arrosage abondant à base d'eau et de sang desséché pendant la formation des têtes permettra à celles-ci une augmentation sensible du volume. En fin de saison, raccourcir de moitié les plus grandes feuilles, lier la touffe et buter les pieds. Protéger le tout d'une couche de feuilles ou d'un voile de forçage exécuter ce travail par temps sec, de façon à éviter la pourriture.

## La Framboise

Un terrain fertile et frais est idéal, mais le framboisier pousse partout. Espacer chaque framboisier de 0,50 m en tous sens. Lors de la plantation, toutes les branches des framboisiers sont rabattues entre 20 et 30 cm au-dessus du sol. La seconde année, on conserve toutes les pousses, hormis celles qui ont éventuellement fructifié. Durant la végétation, ne pas oublier d'éliminer les rejets les plus faibles ou les moins bien placés. C'est à partir de la troisième année de plantation que la récolte devient intéressante. Tendre des fils de fer entre deux piquets pour pouvoir bien les tenir ou les palisser. Planter des myosotis autour des plants pour éviter l'attaque du ver des framboises, c'est très efficace et naturel.

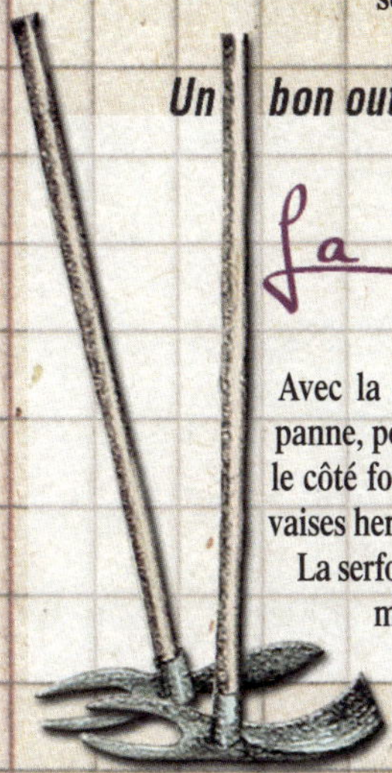

*Un bon outil :*

## La Serfouette

Avec la serfouette, on utilise le côté panne, pour biner et sarcler, tandis que le côté fourche sert à extraire les mauvaises herbes avec leurs racines.

La serfouette qui a un côté langue permet de sillonner avant les semis.

Extrait du *Potager à l'assiette* de Jean-Marc Gourbillon, aux éditions CPE

Contres — La Place

# Photographies d'hier

31 CHEVERNY. — Sous bois. — LL.

# Juillet

*" Le peu que je sais, c'est à mon ignorance que je le dois."*

**Sacha Guitry**

Cancer
**Du 22 juin au 23 juillet**

Lion
**Du 24 juillet au 23 août**

*Balade dans les rues de Contres*

Proverbe

Après la poire,
Il faut boire ;
Après la pomme,
Garde ton vin. bonhomme !

# 2013

## La croix des moissons

La modernisation de l'agriculture n'a pas encore fait totalement disparaître l'outillage agricole traditionnel. Avec quelque chance, on arrive encore à voir un cultivateur bêchant ou piochant son champ, sa vigne ou taillant ses arbres...

L'« industrialisation », la production à outrance, le toujours plus ont, par contre, occulté presque toutes les traditions populaires rurales.

Les diverses activités, labours, semailles, moissons, vendanges, ont de tout temps fait l'objet de rites, magiques à l'origine, purement symboliques par la suite. Tous sont pratiquement abandonnés aujourd'hui.

Le repas traditionnel, qui porte de si jolis noms suivant les régions, regroupant tous les moissonneurs, était autrefois précédé d'une cérémonie où le plus courageux d'entre eux accrochait sur le porche d'entrée ou sur la porte de la grange une croix faite des plus beaux épis. Dans certaines régions elle pouvait être en bois, datée de l'année, et plus ou moins importante selon la qualité de la moisson. Elle remplissait le rôle de registre et d'ex-voto à la fois.

Ces croix prenaient des formes différentes suivant les terroirs : croix de Saint-André, en forme de X dont les branches, d'égale longueur, se coupent en leur milieu ; croix solaire, le culte du soleil, prédominant pendant toute la préhistoire et même au-delà, ayant laissé des traces dans les motifs décoratifs ruraux ; croix trinitaire, stèle sculptée en sa partie supérieure de trois croix formant calvaire, la croix centrale étant la plus élevée.

Les moissons, dont le blé allait donner la farine, qui elle donnerait le pain, étaient d'une importance capitale. La fin de celles-ci méritait un remerciement au ciel qui avait permis une manne plus ou moins conséquente.

## Été de ma jeunesse

*Ah, les étés de jadis, les étés de ma jeunesse, après un hiver où nous avions eu froid! C'était un temps ouvert, malgré le dur travail des champs, un temps qui permettait d'être habillé de rien et même moins que ça. Les journées laissaient de longs loisirs après le labeur, des loisirs pour affronter le soleil notre comparse, et l'eau de la rivière, délicieusement froide, la seule qui avait décidé une fois pour toutes d'ignorer la saison chaude et que nous taquinions dans la joie. Même sans voiture nous vivions à cent à l'heure, et nous rognions nos nuits, déjà brèves, pour les fêtes qui formaient une guirlande autour des jours. Temps béni des tendres découvertes et des coups de foudre à répétition, tant l'amour même fonctionnait en surchauffe. Et voilà que les ans ont passé, et que l'été et son exubérance m'intimident. Mais on se reconnaît l'un l'autre pourtant, et on se salue comme de vieux amis..*

**P.V**

**Juillet** 2013

Lundi **1er** Juillet
St THIERRY

matin

après-midi

Mardi **2** Juillet
St MARTINIEN

matin

après-midi

Mercredi **3** Juillet
St THOMAS

matin

après-midi

Jeudi **4** Juillet
St FLORENT

matin

après-midi

Vendredi **5** Juillet
St ANTOINE

matin

après-midi

Samedi **6** Juillet
Ste MARIETTE

matin

après-midi

Dimanche **7** Juillet
St RAOUL

matin

après-midi

# Le facteur

LA MOTTE-BEUVRON. - Groupe Solognot

Face joviale, képi enfoncé sur la tête, sacoche débordante de lettres, telle est l'image stéréotypée des facteurs qui allaient à pied de village en village porter les bonnes et les mauvaises nouvelles.

Pourtant l'apparition des engins motorisés, le besoin d'aller toujours plus vite ont détruit à jamais l'époque des facteurs à pied. Bien sûr le travail en a été facilité, mais au détriment de ce contact humain si important.

La journée du facteur rural commençait tôt le matin. Il devait se rendre au bureau de poste dès 6 heures pour trier son courrier. Sa tournée débutait à 8 heures et de hameaux en hameaux, il parcourait une quarantaine de kilomètres dans la journée. Il avait ses habitudes, sachant que vers les 10 heures, il ferait une halte chez un client pour sortir de sa musette un copieux casse-croûte, simplement pour se donner de la jambe. Puis il reprenait sa marche, échangeant les dernières nouvelles avec les femmes, écoutant les paysans évoquer les travaux des champs ou le cours des bêtes.

A 13 heures, il déjeunait chez un autre habitué qui lui offrait volontiers un verre de vin. Alors bien sûr, cela créait des liens. Les clients étaient des amis.

L'hiver était la période la plus difficile. Les chemins très boueux devenaient parfois impraticables. La neige rendait la tournée plus fastidieuse encore et elle se prolongeait parfois jusqu'à 9 heures du soir avec quelques haltes pour se réchauffer les doigts à la flamme du feu de cheminée ou avaler une petite gnôle pour se ragaillardir.

suite page 69

## Les petits trucs Beauté

### Un masque auto-bronzant fait maison :

Concoctez son propre masque auto-bronzant, c'est possible. Il vous suffit de mélanger un jaune d'oeuf avec deux cuillerées à café de yaourt et de battre le tout. Ajoutez ensuite une cuillerée à café d'huile d'olive et 5 gouttes d'huile essentielle de carotte. Appliquez une couche de cette préparation sur votre visage, votre cou et décolleté et laissez agir pendant une vingtaine de minutes. Rincez ensuite à l'eau claire. Votre teint aura ainsi pris un hâle naturel et lumineux.

# La recette de Grand-Mère

## Rillettes de lapin

**Pour 4 personnes**

**Un lapin • 500 g de poitrine et de lard**
**1 bouquet garni • 1 carotte**
**Clou de girofle, thym**
**Sel, poivre**

*Découpez le lapin en morceaux. Mettez dans une marmite, salez, poivrez, ajoutez les rondelles de carotte, le bouquet garni le thym, le clou de girofle. Recouvrez d'eau et laissez mijoter quatre à cinq heures à feu doux. Coupez la poitrine et le lard en dés et laissez-le fondre à feu doux dans une cocotte pendant 3 à 4 heures. Egouttez le lapin, triez la viande qui se désosse facilement et écrasez-la à la fourchette et mélangez-la à la graisse de cuisson du lard. Faites bouillir l'ensemble en remuant, et mettez en pots recouverts de graisse.*

Le vélo a facilité le travail du facteur. Bien sûr, il fallait pédaler mais la sacoche restait sur le porte-bagages. Par contre l'hiver, la bicyclette devenait une charge, il fallait parfois la porter sur l'épaule dans les passages les plus difficiles. En cas de neige, il fallait prendre un bâton pour dégager les garde-boue bloqués par la neige tassée.

Par temps de pluie ce n'était guère mieux. L'immense pèlerine enveloppait le facteur mais lorsqu'elle était imbibée d'eau, elle gouttait sur les pieds.

Le facteur avait un rôle social dans les campagnes. Il rendait service à l'occasion, faisant les commissions des uns et des autres.

Personnage légendaire, il distribuait le célèbre calendrier des postes en fin d'année et touchait ses étrennes, ne pouvant échapper à la petite goutte du 1er de l'an dans les quelques 300 maisons de sa tournée. A rouler sous la table !

Petit à petit, le facteur apprenait à connaître les joies et les peines de ses clients, transmettant la lettre attendue d'un fiancé, apportant à la mère inquiète des nouvelles du fils qui se battait au front, distribuant plus tard les premières pensions et retraites. De grands moments conviviaux !

Peut-être aurait-il aimé parfois changer le cours des choses en ne distribuant pas quelque missive qu'il savait chargée de malheur ! ■

**Juillet** 2013

Lundi **8** Juillet
St THIBAULT

matin

après-midi

Mardi **9** Juillet
Ste AMANDINE

matin

après-midi

Mercredi **10** Juillet
St ULRICH

matin

après-midi

Jeudi **11** Juillet
St BENOÎT

matin

après-midi

Vendredi **12** Juillet
St OLIVIER

matin

après-midi

Samedi **13** Juillet
St HENRI, JOËL

matin

après-midi

Dimanche **14** Juillet
FÊTE NATIONALE

matin

après-midi

Juillet 2013

Lundi 15 Juillet
St DONALD

matin

après-midi

Mardi 16 Juillet
N.-D. Mt CARMEL

matin

après-midi

Mercredi 17 Juillet
Ste CHARLOTTE

matin

après-midi

Jeudi 18 Juillet
St FRÉDÉRIC

matin

après-midi

Vendredi 19 Juillet
St ARSÈNE

matin

après-midi

Samedi 20 Juillet
Ste MARINA

matin

après-midi

Dimanche 21 Juillet
St VICTOR

matin

après-midi

# L'Houm' en or

En par cheux nous, la grande Éléonore
A l'avait pas trouvé à s'placer
Soué qu'on y'avait ch'té un sort
Ou l'houm' parfait a l'avait pas déniché.

L'houm', a l'aurait voulu grand
Ben bâti, biau et esprité
Mais surtout qui l'ai biaucoup d'argent
Afin d'pouvouér l'aider à l'dépenser.

Tout auprés d'cheux eux
Y logeait le ch'tit Victor
Un peu bossu, maigue et bigleux
Seulement, lui y possédait d'l'or.

A s'oun' age, a pouvait pas trouver mieux
Et le principal, c'est de s'marier
Anvec un qu'est pas malheureux
Et d'ses sous d'pouvouér en profiter.

Et c'est cou' ça qui s'maria, Victor
Et sans même se douter
Que la grande Éléonore
C'atait ses sous qu'a l'épousait.

Des sous, a l'en trouva
Cachés dans des bas d' laine
Et en d'sous l'matelas
C'est toujou ça d'gangné, sans trop d'peine.

A l'en depensa tant et tant
Que Victor enfin s'aperçut
Que de tout son argent
Et ben, y en avait pu.

Avouer été roulé, y v'lait pas l'crére
Et même qui 'avait ete riche auterfoué
Et ben y s'est mis a bouére
pour asseyer d'pus y penser

suite page 71

## Les petits trucs Beauté

### Une chevelure brillante :

*Préparer un mélange composé de 80% d'eau et 20% de vinaigre blanc. Appliquer ce mélange sur des cheveux propres et rincés. Vos cheveux retrouveront alors leur brillance naturelle.*

## La recette de Grand-Mère

# Œufs frits au vin

**Pour 4 personnes**

**4 œufs • 5 oignons blancs • 2 poireaux • 3 gousses d'ail**
**2 verres de vin rouge • 1/2 verre de bouillon de volaille**
**Farine • Graisse d'oie • Sucre en poudre • Bouquet garni**
**Tranches de pain**

Faire flamber 2 verres de bon vin rouge. Prendre 5 oignons blancs émincés, les poireaux que vous couperez en rondelles et faire revenir dans de la graisse d'oie. Saupoudrer de sucre en poudre. Y ajouter une cuillère de farine, le vin, un demi verre de bouillon et un bouquet garni. Laisser mijoter pendant une heure. Ailler des tranches de pain grillées puis faire frire les œufs. Pour cela, faire chauffer 2 cuillères à soupe d'huile et y casser les œufs quand l'huile est bien chaude. Le plus délicat à présent est de retourner les œufs sur eux-mêmes sans les crever.
Pour finir déposer les œufs sur le pain grillé et aillé et verser la sauce chaude tout autour.

Victor était don, maint'nat un sans l'sou
Éléonore qui creyait avouer' un houm' en or
Et coum' y rentrait tous les souérs saoul
Et ben, simplement, a l'a foutu dehors.

**Moralité :**
*Si on dit qu'l'argent n' fait pas l'bonheur*
*Par cont' c'qu'est certain : c'est qu'l'argent*
*Ça porte malheur*
*Quand on a pu.* ■

## Le saviez-vous ?

# Humbault le Tortu

**(- après 1017)**

*Humbault dit le Tortu, seigneur de Vierzon, aurait donné son nom à la commune de La Ferté-Imbault. La légende veut qu'un puissant seigneur, Jean de Meung, qui vivait environ en l'an mil, obtînt du roi la permission de construire quatre châteaux dans le pays de Sologne pour ses quatre enfants nommés Nabert (La Ferté-Saint-Aubin), Hubert (La Ferté-Saint-Cyr), Avrain (La Ferté-Beauharnais) et Humbault (La Ferté-Imbault) qui donnèrent leurs noms à leurs châteaux. En 980, Humbault le Tortu fit ainsi édifier sur l'emplacement d'une « motte» gauloise, puis castrum romain, une des plus puissantes forteresses de Sologne.*

**Juillet 2013**

Lundi **22** Juillet
**Ste MARIE-MADELEINE**
matin
après-midi

Mardi **23** Juillet
**Ste BRIGITTE**
matin
après-midi

Mercredi **24** Juillet
**Ste CHRISTINE**
matin
après-midi

Jeudi **25** Juillet
**St JACQUES**
matin
après-midi

Vendredi **26** Juillet
**Ste ANNE, JOACH.**
matin
après-midi

Samedi **27** Juillet
**Ste NATHALIE**
matin
après-midi

Dimanche **28** Juillet
**St SAMSON**
matin
après-midi

Juillet 2013

Lundi 29 Juillet
Ste MARTHE

matin

après-midi

Mardi 30 Juillet
Ste JULIETTE

matin

après-midi

Mercredi 31 Juillet
St IGNACE de L.

matin

après-midi

Notes

Conte d'Hier...

**Le Petit Chaperon rouge (9)**

Le loup ayant fermé la porte, se coiffa avec la cornette de la grand'mère et se mit au lit à la place en attendant le Chaperon rouge.

(Suite page 76)

# Emile Dubonnet, pilote et chasseur

## (1883 - 1950)

Né à Paris, le 18 octobre 1883, Émile DUBONNET, cycliste, amateur de patinage, footballeur émérite et bon escrimeur, chauffeur de la première heure (puis le tricycle à pétrole jusqu'à la grosse voiture de course), a pratiqué à peu près tous les sports avant de devenir un brillant aéronaute et de se classer ensuite au premier rang des pilotes aviateurs du début.

C'est le 26 février 1906 qu'Émile Dubonnet débute en ballon et jusqu'en 1909, il prend part à de nombreux concours internationaux et notamment à la Coupe Gordon-Bennet 1908, 1909. Puis, il jette son dévolu sur le monoplane et en quelques séances il obtient brillamment son brevet de pilote aviateur, le N° 47. Le 3 avril 1910, alors que le nouvel engin et son pilote n'avaient précédemment évolué que sur un aérodrome, Émile Dubonnet gagne du premier coup le Prix de « La Nature » et devient en même temps, aux 109 km, recordman du monde du vol à travers pays. Émile Dubonnet fut donc un remarquable pionnier de l'aviation, mais aussi un mécène.

Le domaine de Courbanton, à Montrieux-en-Sologne, propriété de la famille du poète Paul Besnard, est acheté en 1923 par Emile Dubonnet, héritier du célèbre apéritif et chasseur. Quelques personnalités défileront avant guerre pour partager ce plaisir: Paul Reynaud, André Maginot, Jean Prouvost (propriétaire lui-même à Yvoy-le-Marron), etc.

Courbanton était un véritable village dans le village et pouvait vivre en complète autarcie : centrale électrique propre, potager, basse-cour, école privée...

Courbanton, que les Allemands considéraient comme la plus belle et la plus confortable des propriétés de la région, fut occupée pendant trois mois en 1940. Par la suite le domaine fut considéré par la Kommandantur de Paris comme chasse officielle pour les officiers supérieurs.

Le 4 octobre 1950, à la mort de Monsieur Dubonnet, très apprécié de son personnel, Madame Ubald-Boquet hérita de la propriété. ■

Remède d'autrefois, déconseillé...

### Sueur des pieds

*Les hommes, seuls, transpirent des pieds. Cette transpiration est nécessaire à la bonne santé. — Jeter un peu de poudre à moutarde à l'intérieur des chaussettes. — Gravir le vieux Thier de Chèvremont, se rendre derrière la petite chapelle, y enlever ses chaussettes qu'on abandonne à l'intention des pauvres et porter 10 chandelles au brûloir autant que d'orteils.*

...pour les malades d'aujourd'hui !

Carnet de notes de Papounet le jardinier

# Du jardin d'hier...

*Dans la marmite*

## Tomates soufflées au Comté

**12 tomates moyennes**
**300 g de Comté râpé • 4 œufs entiers**
**35 cl de litre de lait • 50 g de farine**
**50 g de beurre • Sel et poivre du moulin**
**Muscade râpée**

***Couper le dessus des tomates, les vider et les laisser s'égoutter.***
***Faire un roux avec le beurre et la farine.***
***Mouiller avec le lait et laisser cuire quelques minutes en fouettant.***
***Incorporer le fromage râpé.***
***Hors du feu, ajouter les jaunes d'oeuf puis assaisonner. Battre les blancs d'œuf en neige bien ferme, puis les incorporer au mélange. Ensuite remplir les tomates avec cet appareil. Cuire 20 minutes à four chaud th7.Les tomates soufflées au fromage peuvent se déguster en entrée ou accompagnées de la viande blanche.***

## La Tomate

La tomate doit être cultivée dans un endroit ensoleillé, exposé au sud et à l'abri du vent .Elle préfère les terrains légers, frais et biens drainés. Ce qui compte, c'est la matière organique qui va être incorporée au sol. Commencer par faire les semis en caisse à une température de 18°C environ. Ensuite repiquer les plants à 4 feuilles en godet avec un mélange de terreau et de sable. Quand les gelées ne sont plus à craindre, mettre les plants en pleine terre avec une poignée d'orties comme engrais, espacés de 60 cm et 1 mètre entre chaque rang. Toujours arroser au pied et jamais sur le feuillage. Ensuite éliminer les ramifications latérales qui poussent sous l'aisselle de chaque feuille. Ôter les feuilles du bas pour éviter les maladies. Prévoir un bon paillage pour parer à la sécheresse.

Ne pas planter de l'aneth, des haricots grimpants, et des pommes de terre à coté des pieds de tomates

## La Pêche

Le pêcher est un arbre fruitier très résistant au froid. Toutefois les fleurs sont très fragiles aux gelées printanières dès -1°C et la récolte est compromise. Les pêches blanches conviennent mieux dans le jardin, elles sont plus juteuses et plus parfumées. L'arbre est souvent auto-fécond. Le système racinaire du pêcher nécessite sa plantation dans des sols assez profonds. Les sols perméables et aérés lui sont favorables alors que les sols lourds et mal drainés sont à l'origine de l'asphyxie radiculaire. Une exposition ensoleillée et abritée est presque indispensable. L'arbre craint l'oïdium, le monilia et surtout la cloque du pêche ; pour cela pulvériser de la bouillie bordelaise en fin d'hiver et ensuite toutes les deux semaines. Il ne fructifie que vers la cinquième année et sa vie est de vingt ans environ.

***Un bon outil :***

### Le cordeau

Le cordeau du jardinier est composé de deux bâtons d'acacia si possible, taillés en pointe et reliés par une cordelette souple d'une longueur d'environ dix mètres, qui une fois tendue sert à représenter provisoirement une ligne droite, pour permettre de tracer des lignes droites pour les semis ou les plantations.

Extrait du *Potager à l'assiette* de Jean-Marc Gourbillon, aux éditions CPE

# Photographies d'hier

# Août

" Il y a deux choses inadmissibles sur la terre la mort – et les impôts. Mais j'aurais dû citer en premier les impôts."

**Sacha Guitry**

Lion

**Du 24 juillet au 23 août**

Vierge

**Du 24 août au 23 septembre**

Balade dans les rues de Neung-sur-Beuvron

Dicton

À trompeur trompé
Le diable en rit.

# 2013

## Soleil et bains de mer

On ne peut imaginer les plages les plus belles, les plus recherchées de nos côtes, au siècle dernier. Elles sont alors aussi désertes en plein mois d'août que les rues des grandes villes pendant la finale de Coupe d'Europe de Football. Il y a à cela plusieurs explications. La première, et la plus rédhibitoire, est qu'à cette époque il n'y a pas de vacances. Nos ancêtres n'en ont jamais eu. Il est vrai que sous l'Ancien Régime le calendrier comptait braucoup de jours fériés. Richelieu ne disait-il pas que : « le peuple est un mulet qui se gâte par le repos » ? Puis le développement du capitalisme oublia de prévoir des périodes de vacances. Il fallut attendre Léo Lagrange et les congés payés pour que commencent vraiment les grandes transhumances.

Une autre explication vient s'ajouter à la précédente : il ne serait venu à l'idée de personne de passer l'été au bord de la mer, moins encore de s'y baigner. Nos ancêtres avaient bien trop peur du soleil.

Sous l'Ancien Régime, les bains de mer sont pratiquement inconnus. Ils ne figurent que parmi les remèdes éventuels contre la rage.

Au dire des médecins, il suffit que l'on aille prendre ce bain « avant que le venin n'ait pénétré jusqu'aux parties nobles, ce qui est d'ordinaire dans l'espace de neuf jours ». C'est ainsi, en 1671, que trois demoiselles d'honneur de la reine se précipitent à Dieppe. L'une d'elles prend son bain devant Madame de Sévigné qui l'observe avec compassion : « J'ai vu Madame de Ludre (...). Elle a été plongée dans la mer ; la mer l'a vue toute nue et sa fierté en est augmentée, j'entends la fierté de la mer, car, pour la belle, elle en était fort humiliée. »

De nos jours la fierté de la mer ne doit plus savoir où donner de la tête, si l'on en juge par toute cette chair étalée, au mois d'août, sur nos plages.

## Quelle chaleur !

En août, en tout cas sur sa fin, la nuit sait se faire plus profonde, retrouver la vraie nuit qui prépare au petit matin frais; un peu trop frais, peut-être même, car cette fraîcheur nous éloigne inéluctablement de l'été, comme qui dirait de la jeunesse, et cela ne manque pas de réveiller en moi un peu de nostalgie. On pose, en pensée, cette fraîcheur à côté de la tiédeur des nuits de naguère, une tiédeur qui prolongeait le jour et empêchait la nuit de tomber tout à fait. C'était, en fait, une nuit pour rire. L'été véritable c'est déjà du passé, celui où la nuit est un animal aux aguets que l'absence momentanée du soleil a surpris dans sa quête, juste une pause. Les semaines de juillet nous ont laissé un été en sursis, qui mourra de sa belle mort, mais dont les orages nocturnes, de temps en temps, déjà nous lavent.

**P.V**

## Conte d'Hier...

### Le Petit Chaperon rouge (10)

Enfin le petit Chaperon rouge arriva à la porte de sa grand'mère, toc, toc ! qui est là, cria le loup de sa grosse voix, qu'il avait oublié de contrefaire. (Suite page 86)

## Août 2013

Jeudi 1er Août
St ALPHONSE

matin

après-midi

Vendredi 2 Août
St JULIEN-EYM.

matin

après-midi

Samedi 3 Août
Ste LYDIE

matin

après-midi

Dimanche 4 Août
St J.-M. VIANNEY

matin

après-midi

# La Brandelle

1.
A Oison il ya trois filles
La Brandelle, la Brandille,
La Brandelle lon lon la.
La plus jeun', la plus gentille,
La Brandelle, la Brandille,
La Brandelle lon lon la.

2.
La plus jeun', la plus gentille,
La Brandelle, la Brandille,
La Brandelle lon lon la.
Eun' qui coud, et l'autre qui file,
La Brandelle, la Brandille,
La Brandelle lon lon la.

3.
Eun' qui coud, et l'autre qui file,
La Brandelle, la Brandille,
La Brandelle lon lon la.
La troisièm' qu'est donc ma mie,
La Brandelle, la Brandille,
La Brandelle lon lon la.

**Source : Maurice Chevais "Chansons populaires"**

## Les petits trucs Beauté

### Bronzez sans soleil grâce au thé !

Dans un quart de litre d'eau bouillante, versez 2 grandes cuillerées à soupe de thé noir et laissez infuser 15 minutes. Après avoir passé la préparation, laissez-la reposer 2 jours minimum. Pour bénéficier d'un autobronzant 100 % naturel et à un prix défiant toute concurrence, versez la préparation sur un coton et badigeonnez-en les parties de votre corps que vous souhaitez teinter. Le hâle ainsi déposé sur votre peau part à l'eau. Ne conservez pas la préparation plus de 7 jours.

*La recette de Grand-Mère*

# Foies de volaille aux herbes

**400 g de foies de volaille • 50 g de lard fumé • 30 g de beurre**
**Sauge et romarin frais, ou les mêmes herbes séchées et trempées dans du jus de citron • 1 pincée de poivre de Cayenne • 1 poivron**
**Tomates confites en purée (2 cuillères à soupe)**
**1 cuillerée à soupe de xérès**
**1 cuillerée à soupe de fécule de pommes de terre • Poivre • Sel**

**Pour 4 personnes**

Laver les foies de volaille, les couper en deux et les laver une nouvelle fois. Les laisser sécher sur du papier absorbant. Saler. Faire fondre le beurre, émincer le lard fumé et le faire revenir dans le beurre. Introduire les foies dans la poêle et les laisser dorer en les retournant régulièrement. Baisser le feu et ajouter les herbes.

Laver le poivron. En retirer les pépins et les membranes intérieures et les couper en dés. Ajouter ceux-ci dans la poêle ainsi que le poivre, la purée de tomates et le xérès. Recouvrir partiellement les foies d'eau bouillante. Couvrir la poêle et laisser doucement mijoter le tout pendant 7 minutes.

Délayer la fécule de pommes de terre dans un peu d'eau. Lier la préparation avec ce mélange; elle doit prendre la consistance d'une sauce. Retirer la feuille de laurier et rectifier l'assaisonnement avec du poivre et du sel.

Servir les foies de volaille avec du riz, des haricots, des pois cassés...

*Le saviez-vous ?*

## Ovide Scribe, céramiste du XIXe siècle (1841 - 1909)

*Ovide Scribe, artiste de la fin du XIXème siècle, céramiste célèbre, solognot d'adoption, marqua l'histoire culturelle de la ville de Romorantin en étant le premier professeur de dessin au collège, et en créant le premier Musée municipal.*

*Après avoir réalisé des tableaux très réalistes sur la vie des solognots de son époque, cet artiste au grand cœur et érudit se consacra à la céramique. Passionné par l'Art de la Renaissance italienne, il reprit à la fois la technique des céramistes de cette époque comme Luca della Robia, ainsi que le style des grands peintres tels que Botticelli et Michel-Ange.*

*C'est sur les conseils de son ami, l'écrivain Paul Besnard, qu'il s'installe en 1880 dans la Capitale de la Sologne.*

*Installé dans un premier temps rue du Grenier à Sel, près de la tour Jacquemart, il finira sa vie dans sa maison dite du « Guideau » située dans l'actuelle rue Ovide Scribe. C'est dans le four construit dans la cour de cette demeure qu'il réalisa ses plus belles céramiques, dont plusieurs ornent encore la façade.*

**Août 2013**

*Lundi* **5** *Août* — **St ABEL**

**matin**

**après-midi**

*Mardi* **6** *Août* — **Transfiguration**

**matin**

**après-midi**

*Mercredi* **7** *Août* — **St GAËTAN**

**matin**

**après-midi**

*Jeudi* **8** *Août* — **St DOMINIQUE**

**matin**

**après-midi**

*Vendredi* **9** *Août* — **St AMOUR**

**matin**

**après-midi**

*Samedi* **10** *Août* — **St LAURENT**

**matin**

**après-midi**

*Dimanche* **11** *Août* — **Ste CLAIRE**

**matin**

**après-midi**

## Août 2013

**Lundi 12 Août**
Ste CLARISSE

matin

après-midi

**Mardi 13 Août**
St HIPPOLYTE

matin

après-midi

**Mercredi 14 Août**
St EVRARD

matin

après-midi

**Jeudi 15 Août**
ASSOMPTION

matin

après-midi

**Vendredi 16 Août**
St ARMEL

matin

après-midi

**Samedi 17 Août**
St HYACINTHE

matin

après-midi

**Dimanche 18 Août**
Ste HÉLÈNE

matin

après-midi

# Henri Leproux, du Golf Drouot à Cour-Cheverny

Qui ne connaît pas le célèbre Golf Drouot où débuta la carrière des grandes vedettes des " Yéyés "? Tout le monde a un jour, entendu parler de ce temple du Rock'nroll. C'est à Cour-Cheverny que les fondateurs du fameux Tremplin, Henri et Colette Leproux, goûtent aujourd'hui une retraite bien méritée. Rencontrer Henri Leproux, c'est comme feuilleter un livre d'histoire. Mais quelle histoire! Celle d'un lieu mythique : le Golf Drouot, d'une musique venue des Etats Unis qui révolutionna les " sixties ", enfin et surtout celle des plus grandes vedettes de la scène française. Johnny, Eddy, Sylvie, Sheila…et tant d'autres débutèrent dans ce temple du Rock'nroll grâce à l'initiative d'un jeune gérant de golf miniature nommé Henri Leproux.

Jusqu'à ce jour de 1955, Henri Leproux, poulbot du Xe arrondissement aux racines berrichonnes (son père est né à Châteaumeillant dans l'Indre où Henri vient passer ses vacances d'été), exerce tous les métiers. Tour à tour épicier, livreur, boxeur et finalement barman au lido. " J'étais depuis longtemps fasciné par le monde des vedettes, un vrai groupie ". Notre barman joue donc les chasseurs d'autographe et accroche à son palmarès des célébrités allant de Madeleine Sologne à John Wayne. Après plusieurs saisons, Henri trouve une place de barman au Golf Drouot. Fin 1954, il succombe au charme de Colette, la caissière du Golf qui deviendra son épouse. Cet établissement, qui comme son nom l'indique à l'époque, est un golf miniature, se situe au premier étage du Café d'Angleterre, non loin de l'opéra. Les affaires du golf déclinent et la propriétaire, Madame Perdrix, décide de donner carte blanche à ce jeune barman entreprenant. L'histoire est en marche!

De nouvelles générations se succèdent sur le tremplin. Les modes évoluent mais pas la philosophie d'Henri Leproux: donner leur première chance à de jeunes espoirs de la musique . De jeunes pousses qui seront autant de futures vedettes : Polnareff, Jonasz, Balavoine, Goldman, Voulzy ou Souchon. Souchon qui nous ramène à la Sologne! En effet, Alain Souchon est originaire de Cour-Cheverny comme Colette Leproux. C'est au Golf Drouot à Paris que les voisins firent connaissance. " Ensemble,

suite page 79

## Les petits trucs Beauté

### Une lotion hydratante après-soleil au concombre :

*Voici une recette maison facile pour réhydrater votre peau après une exposition au soleil: prenez un concombre et passez-le au mixeur.*
*Filtrez-le ensuite pour recueillir son jus. Mélangez le jus ainsi obtenu avec deux cuillerées à soupe d'huile d'amande douce. Appliquez cette lotion hydratante après la douche.*

La recette de Grand-Mère

## Charlottes aux myrtilles

Pour 8-10 personnes

**550 g de myrtilles fraîches • 120 g de sucre**
**400 g de crème fraîche fluide • Biscuits à la cuillère**

Verser les myrtilles et le sucre dans une casserole.
Faire bouillir.
Après ébullition, incorporer 4 feuilles de gélatine fondues dans 1/2 verre d'eau.
Laisser refroidir pour atteindre une température de 18 à 20°.
Dans un récipient, monter la crème fluide et incorporer délicatement l'appareil.
Chemiser un moule à charlotte avec des biscuits à la cuiller.
Verser le mélange obtenu.
Laisser 3 à 4 heures au réfrigérateur.
Démouler et décorer avec des fruits et un coulis de myrtilles.
Pour obtenir un coulis: faire bouillir ensemble 100 g de myrtilles et 30 g de sucre, puis mixer.

nous aimions à parler de la Sologne. Je me rappelle qu'Alain composait ses chansons avec Laurent Voulzy dans une arrière salle de l'hôtel des Trois Marchands. Alain a notamment écrit une chanson évoquant son père (NDLR : inhumé à Cheverny) intitulée " Dix-huit ans que je t'ai à l'œil ".

En 1981, le Golf Drouot doit fermer sur décision judiciaire pour une banale affaire administrative. Malgré une campagne de presse pour sauver le Golf, rien n'y fait ! Le temple du Rock s'éteint définitivement après 25 ans d'une existence bien remplie. ■

G.B

Le saviez-vous ?

## Souvenir du temps jadis

*Quand je gardais les vaches, racontait Roland Auger, étant trop jeune pour aller au bal, le dimanche après-midi, je venais trouver ces dames et j'écoutais leurs conversations, parfois proches du commérage. Il y avait dans ce groupe une de mes grand-tantes qui approchait de la quatre vingtaine. Parfois elle se levait, s'éloignait de quelques pas et écartait les jambes; on entendait alors un petit gazouillis sous son long cotillon; puis elle revenait tranquillement reprendre sa place dans le groupe. C'est ainsi que les femmes de son temps pouvaient satisfaire leurs petits besoins naturels en société grâce à leurs longs jupons et à leurs culottes fendues… ou absentes !*

*Essayez donc d'en faire autant, maintenant, mesdames, avec vos jeans ou vos collants.*

Lundi 19 Août
St JEAN-EUDES
matin
après-midi

Mardi 20 Août
St BERNARD
matin
après-midi

Mercredi 21 Août
St CHRISTOPHE
matin
après-midi

Jeudi 22 Août
St FABRICE
matin
après-midi

Vendredi 23 Août
Ste ROSE de L.
matin
après-midi

Samedi 24 Août
St BARTHÉLEMY
matin
après-midi

Dimanche 25 Août
St LOUIS
matin
après-midi

Août 2013

Lundi 26 Août
Ste NATACHA

matin

après-midi

Mardi 27 Août
Ste MONIQUE

matin

après-midi

Mercredi 28 Août
St AUGUSTIN

matin

après-midi

Jeudi 29 Août
Ste SABINE

matin

après-midi

Vendredi 30 Août
St FIACRE

matin

après-midi

Samedi 31 Août
St ARISTIDE

matin

après-midi

Notes

# Le sort jeté à Pierron

## ou la malédiction rédemptrice.

A la tombée de la nuit, au bord des étangs solognots, un observateur zélé et bien caché pourrait assister à de curieuses scènes ; alors que les humains ont déserté les lieux, un monde parallèle l'investit peu à peu : c'est, bien sûr, la gent animale : les cerfs, chevreuils, sangliers, les renards et les putois, les chouettes, mais également d'autres êtres mal définis qui sortent des arbres, s'extirpent des vieilles souches, des trous d'eau, rampent de dessous les pierres... Des génies des bois dont certains sont maléfiques, d'autres plutôt sympathiques et bienfaisants ; ils sont nombreux, très nombreux... Mais, il y en a bien d'autres encore qui vivent prisonniers à l'intérieur de la terre et qui attendent que l'on vienne les libérer. Ce sont ceux qui, un jour, furent ensevelis à l'occasion d'une tempête, d'un orage violent ou tout simplement lors de travaux de terrassement. Ainsi quand Napoléon III décida d'assainir la Sologne, ce furent des centaines d'esprits qui vivaient dans les marécages qui se retrouvèrent soudain enfouis. Ils affleuraient, jadis, à la surface de l'eau verdâtre, donnaient des fièvres, faisaient pousser les arbres de travers et enfonçaient les troncs des marsaules dans la terre, les ressortant plus loin, tels des pièges sinueux pour que le passant trébuchât, certains rendaient les berges glissantes, d'autres en effaçaient les contours en jetant des voiles de brume sur les rives et sur l'eau, et l'on entendait leur rire sardonique, lorsqu'une victime y tombait et s'y noyait... D'autres encore déversaient des trombes d'eau sur la terre argileuse, transformant les chemins creux en fondrières, où les charrettes s'embourbaient jusqu'aux essieux. Ces génies démoniaques dirigeaient une cohorte d'animaux nuisibles : les loups, les vipères, les moustiques qui transmettaient alors la mortelle malaria, les frelons aux piqûres fatales, les putois, les funestes martes, les chenilles qui s'attaquaient aux récoltes, tandis que les bons esprits s'ingéniaient à protéger les humains de tous ces maux ; ceux-ci favorisaient les cultures en envoyant le soleil et la pluie, à bon escient, quand leurs ennemis préparaient les tempêtes et les inondations, ils faisaient croître la ronce autour de l'écorce du petit chêne pour éviter que les cervidés ne s'y frottent, quand les autres envoyaient le gel au mois d'avril ou soufflaient pour propager le feu de broussaille aux bois alentours.

suite page 81

*Remède d'autrefois, déconseillé...*

### La variole (neurès pokes – varioli)

*Pour éviter la défiguration, baigner le visage avec l'eau des haricots. — Pour guérir le mal, bains de pieds au lait. — Pour* "faire sortir les pokes", *prendre des crottes de mouton dans du vin. — Pour* "faire tomber les croutes", *laver à la vapeur de lait.*

*...pour les malades d'aujourd'hui !*

Et puis les grands travaux débutèrent. La Sologne, méconnaissable, n'était plus qu'un vaste chantier, des centaines d'ouvriers se mirent à creuser un canal qui avait pour unique objet d'apporter la marne, aux vertus bienfaitrices bien connues, des carrières de Blancafort jusqu'à Lamotte-Beuvron où elle était ensuite dirigée aux quatre coins de la contrée.

Les marécages furent bouchés et assainis. Chaque pelletée qui venait combler les profonds et nauséeux trous d'eau stagnante, ensevelissait un génie, qu'il fût bon ou mauvais, sans distinction aucune...

La Sologne fut transformée, d'une terre insalubre, pauvre et semi désertique, elle devint cette région de loisirs et de villégiature si prisée aujourd'hui. La chasse en fit sa prospérité et les nouveaux propriétaires commencèrent à faire recreuser les étangs qui constituent un des charmes de ce territoire giboyeux. Sous le fer des pelleteuses, l'argile et le sable, rapportés à la surface virent de nouveau le jour, et sur les tas déposés autour des trous béants, la nuit venue, les esprits libérés s'éveillaient lentement, après plus de 150 ans passés dans les entrailles de la terre.

Avides de rattraper le temps perdu, ils se mettaient de suite en quête d'une action d'éclat, mais les machines à moteur géantes, tracteurs, moissonneuses-batteuses, ensileuses et autres leur semblaient suspectes ; ils les considéraient comme des rivales aux pouvoirs magiques insoupçonnables, aussi préféraient-ils se terrer le jour et sortir la nuit quand les bruits diurnes avaient cessé.

La mode des étangs a connu, ces dernières années, un tel engouement, tant il est agréable de contempler une pièce d'eau devant sa demeure, que bon nombre de Solognots décidèrent d'en faire creuser à des endroits où autrefois s'étendaient des landes ou des champs cultivés ou même des bois. La terre que l'on remue alors est restée inviolée depuis bien plus longtemps encore. Qui sait même si elle a jamais vu le jour ? Qu'y avait-il ici du temps des Gaulois, des Capétiens, sous Louis XIV ? Etaient-ce des forêts denses ou des prairies, un ruisseau ? Une ferme ou tout autre bâtiment y était-il érigé ?

Peut-être des hommes sont-ils morts de mort violente et y ont été ensevelis sans sépulture et sans recevoir les saints sacrements ? Les âmes de ces hommes-là sont alors devenues à leur tour des esprits qui se trouvent prisonniers et que le nouvel étang créé, de toutes pièces, à un emplacement répertorié sur la carte datant de 1832 comme étant une lande, risque de libérer.

Peu de chances, qu'il en soit ainsi, me direz-vous, et bien justement, figurez-vous qu'en l'an de grâce 1703, un certain Pierron connut une fin tragique précisément ici. Ce mécréant, vaurien, selon la rumeur publique, était, de son vivant, garçon de ferme aux « Rats », à environ 3 lieues de l'endroit où la mort le surprit. Âgé de 37 ans, Pierron avait connu une vie erratique. Né prés d'Argent-sur-Sauldre, il s'était engagé très jeune dans les armées de Louis XIV où il avait contracté de fâ-

suite page 82

## Métier d'autrefois

**Le pêcheur à la ligne a un frère, le pêcheur au filet, comme la comédie a une sœur, la tragédie. Ils ne se ressemblent pas. Cela est bien évident pour le marin, pour le pêcheur côtier dont la vie est pleine de fatigue et de danger: le Provençal qui capture le thon à la madrague et qui tend le trémail pour la dorade et le rouget, les Basques et les Bretons, qui pèchent la sardine.**

cheuses habitudes, avant de retourner au pays pour se marier. Les gens du pays disaient de lui qu'il « était porté sur la bouteille » et lui avaient donné le sobriquet de « Boitrond ». Grisé par le « Noah », pourtant bien infect breuvage que les paysans d'ici tiraient de leurs mauvaises vignes, voleur pour assouvir ses vices, infidèle à sa jeune et courageuse épouse, violent, Pierron n'était décidément pas un individu bien recommandable et si les fermiers le gardaient à leur service, c'était uniquement par charité chrétienne envers sa famille, sa femme qui était fille de basse-cour et ses quatre enfants, dont les aînés aidaient aux travaux des champs et les deux plus jeunes gardaient les moutons.

Les temps étaient durs. La maudite terre solognote donnait peu. La surface arable qui recouvrait une épaisse couche d'argile était peu profonde. L'eau y stagnait au printemps, noyant les jeunes pousses, et quand le soleil d'été la desséchait, elle devenait si dure que le fer de la pioche peinait à l'entailler. Les habitants étaient malingres et souffreteux ; ils ne mangeaient pas tous les jours à leur faim ; Pierron non plus, mais il buvait tout son saoul. S'il s'éloignait de la ferme, c'était pour rejoindre un grand chemin où, accompagné de quelques gueux de son espèce, il guettait les diligences. Lorsque des étrangers à la région se présentaient, il sortait d'un fourré, tel un diable de sa boîte, armé d'une fourche et détroussait les passagers.

Si ces derniers opposaient quelque résistance, Pierron et ses acolytes retournaient dans le sous-bois et se dispersaient bien vite dans les fourrés. Il avait déjà reçu quelques mauvais coups, dont un qui lui avait entaillé profondément la cuisse et lui avait laissé une légère claudication. Une autre fois, un cheval avait rué et il s'était retrouvé projeté dans le fossé, laissé pour mort, une plaie béante à la tête.

Pierron était aussi braconnier à ses heures ; il hantait la forêt, la nuit, allant relever ses pièges. Son gibier de prédilection était le chevreuil dont il tirait un bon prix au marché. Il avalait quelques gobelets de Noah pour se donner du courage et partait dans le froid, faisant fi des dangers qui le guettaient, car les bois n'étaient pas sûrs ; d'autres gueux de sa sorte y rôdaient, mais aussi des bêtes féroces comme ces loups faméliques dont les yeux jaunes et perçants luisaient à travers les talles d'aulnes.

Cette nuit-là, Pierron avait tendu un collet près d'un trou d'eau où les chevreuils aimaient venir se désaltérer. A la lueur de la pleine lune, Pierron avançait, à pas prudents, enjambant les hautes fougères, écartant les rameaux et les ronces qui lui barraient le passage ; plusieurs fois, il trébucha. Si le vin lui réchauffait le corps et animait ses yeux, il nuisait à son équilibre et ralentissait ses gestes et son esprit.

Ainsi, avait-il négligé de prendre une lanterne. Et pourtant, c'était une sage précaution que de se munir d'une flamme qui, en cas de besoin, pouvait servir à allumer un feu pour faire fuir les loups, mais l'ivresse faisant son œuvre, notre braconnier se croyait invincible…

En approchant, son cœur sauta soudain d'excitation dans sa poitrine, car son odorat bien exercé avait détecté l'odeur de la mort. Son piège avait fonctionné, une proie se balançait, suspendue au fil qu'il avait savamment tendu, et il pouvait apercevoir une forme qu'un rayon de lune caressait.

Oui mais, en arrivant sur les lieux, une cruelle déception l'attendait et Pierron laissa échapper une kyrielle de jurons, dont je vous fais grâce. Le piège avait été visité ! Il ne restait que quelques lambeaux de chair sanguinolente sur la carcasse.

En examinant de plus près le carnage, Pierron ne douta pas une minute de son auteur. Ceci était l'œuvre d'un loup. Un loup, qui venait sans doute de détaler, avait fait du chevreuil son festin. Un loup qui devait rôder, peut-être étaient-ils même plusieurs ? Il reviendraient bientôt, alléchés par l'odeur du sang que Pierron venait d'essuyer négligemment sur sa besace. D'ailleurs, il en était couvert… Ses mains qui avaient détaché les restes de la bête pour récupérer le fil étaient enduites du liquide poisseux. Soudain, Pierron, dans un éclair de lucidité prit conscience du danger et de sa légèreté. Il décida de se rincer dans l'eau et s'accroupit. À ce moment précis, un grognement se fit entendre tout près, des branches craquèrent. Un halètement régulier provenant d'une masse en mouvement et qui semblait tourner entre les chênes et les charmes lui fit dresser la tête avec appréhension. Une effraie lança un cri apeuré et s'envola. Pierron instinctivement sortit son couteau et se prépara à l'attaque. L'adversaire arriva par derrière et le bouscula dans l'eau glacée. Il n'eut pas le temps de souffrir, la bête le saisit à la gorge et Pierron rendit l'âme instantanément, et alors que son corps s'enfonçait dans la boue et disparaissait sous les algues visqueuses, son esprit s'installait au plus profond du trou.

suite page 92

Carnet de notes
de Papounet
le jardinier

# Du jardin d'hier...

## La Carotte

Pour la culture de la carotte le terrain doit être soigneusement préparé. Après un bêchage d'hiver, griffer et ratisser correctement. La carotte apprécie un sol profond, frais et bien travaillé. Éliminer un maximum de cailloux car la carotte a tendance à fourcher à la rencontre d'un obstacle. Si la terre est un peu lourde, ajouter du sable ou de la tourbe pour alléger l'endroit du semis. En février, semer les variétés primeurs. Attendre juin pour semer les carottes de longue conservation. Au moment du semis tracer des sillons de 1 cm de profondeur en respectant 30 cm entre les rangs. Refermer le sillon avec un rateau en tassant, puis arroser en pluie fine. Un mois après la levée, éclaircir à 3 cm. On peut semer des radis en même temps que les carottes ; en arrachant les radis, on éclaircit les carottes. Attendre 4 mois environ pour récolter.

L'oignon cultivé à coté de la carotte est très efficace contre la mouche de la carotte.

*Dans la marmite*

### Cake aux carottes et aux raisins

**3 œufs entiers • 150 g de farine • 1 sachet de levure • 15 cl d'huile d'olive • 10 cl de lait • 5 carottes • 100 g de fromage râpé • 100 g de raisins secs • 1 pincée de cannelle • 1 noix de beurre • Sel, poivre**

***Mettre les raisins à tremper dans un peu d'eau chaude. Faire revenir les rondelles de carottes dans 5 cl d'huile d'olive pendant 2 minutes. Ajouter les raisins, la cannelle et l'assaisonnement. Cuire 5 minutes à couvert, puis verser 2 verres d'eau ou de bouillon de volaille, laisser mijoter 15 minutes. Dans un saladier, mélanger la farine avec la levure et les œufs, puis ajouter l'huile, le lait, le fromage râpé et enfin les carottes égouttées. Verser cette préparation dans un moule à cake beurré et faire cuire 45 minutes. Vérifier la cuisson avec une lame de couteau, le cake est cuit quand la lame ressort sèche. Servir tiède avec un poisson grillé.***

## La Pomme

Le pommier apprécie un sol lourd et riche, pas trop sec, plutôt frais et bien drainé, sous une exposition assez ensoleillée.La plupart des pommiers sont autofertiles, mais pour accroître les chances de fructification, il est généralement recommandé de planter deux variétés. Réaliser un trou de 50 cm de circonférence par 60 cm de profondeur, puis enrichir le fond avec du bon fumier de bovin, un peu de cornes broyées puis rajouter de la bonne terre. Planter et faire une cuvette pour pouvoir assurer un arrosage régulier. Suspendre des pièges à base de phéromone, pour éliminer la mouche de la pomme. Contre la tavelure, pulvériser du soufre, et contre le chanvre de la bouillie bordelaise.

*Un bon outil :*

## La fourche

À l'origine, les fourches étaient confectionnées en bois avec une fourche naturelle de la branche d'un arbre, d'où leur nom. Les fourches à trois dents étaient très recherchées. Le cornouiller fournissait les meilleures fourches. Mais les renommées fourches de Sauve sont fournies par des micocouliers.

Extrait du *Potager à l'assiette* de Jean-Marc Gourbillon, aux éditions CPE

# Photographies d'hier

"Les curés se consolent de n'être pas mariés quand ils entendent les femmes se confesser."

**Armand Salacroix**

# Septembre

Vierge

Du 24 août au 23 septembre

Balance

Du 24 septembre au 22 octobre

Balade dans les rues de Langon

Proverbe

Bon cabaret n'a pas besoin d'enseigne.

# 2013

## Les almanachs populaires

*Avant l'almanach des terroirs de France : Les almanachs populaires (Article paru en 1894 dans la* Revue des Traditions Populaires*)*

Parmi les almanachs publiés chaque année, il en est plusieurs qui présentent de l'intérêt au point de vue de nos études, et renferment des matériaux, parfois intéressants, qu'il est utile de signaler, parce que, sans cela, ils risqueraient d'échapper à l'attention des chercheurs, surtout lorsque la brochure est purement locale, et n'a pas comme *l'Armana prouvençau* par exemple, un public de lettrés assez nombreux. Nous serions obligés à nos collègues, de vouloir bien nous signaler ceux parus dans leur région.

*L'Almanach des Bonnes gens du pays de Montbéliard*, 1894 publié par M. de Résener, qui l'a illustré de très intéressants dessins, soit de lui, soit de ses amis, se propose, ainsi que le dit un avis aux lecteurs « de former la collection de nos souvenirs populaires. » Il contient plusieurs histoires en patois, les *Ditons de mai de grand'mère Bîcheli* (une quarantaine de proverbes en patois) et un certain nombre d'adaptations d'airs populaires sur des rimes modernes ; ces airs sont destinés à la fête locale des Campenottes. Les chansons populaires proprement dites sont représentées par *Lai Diaichotte endiablaie*, version patoise de la fille pressée, et par une version, en français de *Là haut sur la montagne j'ai entendu pleurer* (tous deux avec musique).

*Le Conteur de la Veillée*, Almanach du Maine et du Perche, malgré son aspect archaïque tant au point de vue du texte qu'à celui des gravures ne remonte qu'à six ans. Il est publié par A. Filleul, à Nogent-le-Rotrou.

*Le Messager de la Beauce et du Perche* (catholique) est à sa 44e année ; il est publié à Chartres par J. Langlois. Il contient le conte de *« Requiescat in pace »*, publié par V. Brunet dans la *Revue des traditions populaires*, qu'il cite honnêtement du reste, et, à propos d'un accident survenu à Châtillon-en-Dunois, on lit quelque détails sur la journée de l'ouvrier marneron. Il est averti la nuit de se rendre au puits par le son monotone d'une cornemuse de saule qui se faisait autrefois entendre à la messe de la Sainte-Barbe, qu'on ne dit plus maintenant.

*L'Ami du Foyer,* Almanach du Perche et du Saounois, Orne, Eure-et-Loire et Sarthe, par Perchon (de l'Orne), Mortagne, Daupeley, 29e année, présente quelques échantillons de patois du Perche, parmi lesquels un amusant récit des mésaventures de la maîtresse Piroteau, au cours d'un voyage à Paris.

**P.S**

## Le coing

Contre quoi cogne-t-il en dedans pour se faire tant de bosses sur le front? C'est une poire casse-cou au parcours si accidenté qu'il n'arrive à maturité que tard. Mais alors, quel arôme! Il est couleur de feuilles d'automne et de soleil couchant, et éclaire le jardin tard dans l'après-midi de septembre. Sa peau est veloutée plus qu'il ne faut, comme s'il s'était déjà habillé pour l'hiver.

Sa chair de bois est vermoulue comme un vieux meuble, de sorte que beaucoup se contentent de la consommer de l'œil et du nez. La ménagère qui pense à sa pâte, à sa compote et à ses confitures, l'attaque au couteau, mais c'est la hache qu'il faudrait. Une longue cuisson seule lui fait rendre son sang vermeil et doucement acidulé de fruit austère, que la dureté de la vie a fait refluer dans son cœur

**P.V**

## Le Petit Chaperon rouge (11-12)

Le petit Chaperon rouge entendant cette grosse voix se recula effrayée. Mon Dieu comme grand' mère est enrhumée, puis elle dit : c'est moi grand'mère, je vous apporte une galette et un petit pot de beurre.

Cette fois, le loup lui cria en faisant la petite voix : tire la chevillette, la bobinette cherra. Le méchant loup grillait d'impatience de croquer aussi la petite fille. (Suite page 91)

# Les chasses d'affaires

Millançay (L.-et-C.) - La Favorite au Centre de la Forêt et Bruadan - Rendez-vous de (au milieu est la Salle des Cornes)

Fin des années 60, le monde de l'industrie contrôle près des deux cinquièmes de la Sologne. De grandes chasses d'affaires sont organisées dans les domaines atteignant parfois les 1 500 hectares. Robert Bouhier de l'Ecluse, président de la fédération des chasseurs de Loir-et-Cher et propriétaire foncier se souvient des grandes chasses de son voisin: Jean Prouvost, grand industriel français et fondateur de Paris-Match. " Sur un territoire de plus de 1 000 hectares, nous n'étions pas plus de 10 fusils pour 7 à 8 chasses par an seulement".

Autre témoignage: celui d'un garde particulier. Bernard Gatault travaillait au domaine de Courcelles à cheval sur les communes de Saint Viâtre et de Marcilly-en-Gault entre 1962 et 1974. Ce garde particulier se remémore avec plaisir les faramineux tableaux de chasse d'antan : "on tuait environ 3 à 4 000 lapins chaque année ainsi que 7 à 800 faisans, 250 perdreaux et plus de 200 lièvres. La propriété se composait d'un château et de plusieurs fermes, le tout sur 650 hectares. La brigade (plusieurs gardes sur une même propriété) comprenait un garde-chef et un sous-garde. On ne faisait rien d'autre que le métier de garde, maintenant on fait tout. L'hiver, il fallait effectuer les fermés. Deux ouvriers étaient chargés de nous aider. C'était beaucoup de boulot de dérouler puis enrouler le grillage. On faisait 20 fermés pour la saison de chasse et quelques arrêtés. Les arrêtés sont des fermés spécifiques aux lièvres mais avec une ouverture de 40 mètres. Une fois, nous avons réussi à tuer 100 lièvres".

Et lorsqu'on lui demande le secret d'une territoire aussi giboyeux, le maître chasseur explique qu'il n'y a pas de secret : "on piégeait et il n'y avait pas autant de nuisibles qu'aujourd'hui. Le domaine de Courcelles était entretenu, les fermes cultivées, les étangs péchés. Les trois fermiers faisaient beaucoup de culture dont des asperges malgré les lapins. Les chemins étaient bombés avec des fossés de chaque côtés. On mettait le feu à la végétation envahissante, il n'y avait pas de ronces".

Cette période faste pour l'économie locale cesse définitivement en 1974. La suppression des déductions des frais généraux pour les chasses d'af-

suite page 87

## Septembre 2013

Notes

Dimanche 1er Septembre
St GILLES

matin

après-midi

## Les petits trucs Beauté

**Pour apporter brillance et tonus aux boucles :**

Ingrédients : 3 bananes très mures
1 c.à café d'huile d'amande, 1/2 tasse de jus de carotte

*Mixez tous les ingrédients. Appliquez sur cheveux mouillés et essorés. Enveloppez dans une serviette humide et laissez poser 1/2 heure. Rincez à l'eau tiède.*

# La recette de Grand-Mère

## Cèpes farcis

**Pour 4 personnes**

**4 têtes de cèpes moyens • 4 œufs**
**2 gousses d'ail pelées et hachées finement**
**200 g de jambon cuit, haché • Persil haché • Huile d'olive**
**Sel, poivre du moulin**

Dans une jarre, casser les œufs, sans les battre. Saler, poivrer. Évider les têtes de champignons. Dans une poêle, chauffer 1 cuillère à soupe d'huile d'olive. Quand elle chante, y faire revenir les champignons sur les deux faces (7 à 8 mn). Retirer, égoutter, réserver au chaud. Dans la même poêle (ajouter de l'huile si nécessaire), flétrir l'ail. Dès qu'il est doré, baisser le feu et verser les œufs. Laisser cuire à feu très doux en remuant constamment et en raclant le fond à l'aide d'une spatule en bois. Dès que les œufs commencent à prendre, ajouter le jambon. (On peut stopper la cuisson des œufs en ajoutant 1 cuillère à café de crème fraîche). Hors du feu, ajouter le persil, bien mélanger et farcir immédiatement les têtes de champignons. Servir chaud, surmonté éventuellement d'une queue de crevette fixée par une pique.

faires a porté un coup de massue à "l'industrie" cynégétique. Les répercutions notamment au niveau de l'emploi ne se font pas attendre. Si 2000 gardes-chasse officiaient dans les propriétés de Sologne avant 1974, on en compte 600 en 1980. Le Syndicat mixte de la Sologne, en 1993, ne dénombre plus que 300 gardes particuliers rémunérés. ■

Le saviez-vous ?

## Souvigny-en-Sologne

*Souvigny-en-Sologne, coquette bourgade qui fait honneur à la Sologne, possède un charme véritable qui attira bien des artistes, sculpteurs, peintres...*

*Souvigny est bâti autour de l'une des plus belles églises du pays, dont la bâtisse primitive remonte probablement au XIIème siècle. Elle fut ensuite agrandie et prolongée aux XVème et XVIème siècles. Son originalité réside dans son "caquetoire", grand porche en charpente, ajouté au XVIème, qui longe les façades ouest et sud de la nef. Il abritait à la sortie des offices, les conversations secrètes, les confidences, les ragots qui nourrissaient les légendes solognotes.*

*Avec son clocher, très intéressant travail de charpenterie, cette église possède un grand retable du XVIIème siècle et plusieurs peintures récemment restaurées, représentant une Pieta et un Saint Nicolas venant au secours d'un navire prêt à sombrer.*

*On peut également admirer quelques belles maisons à colombages dont l'ancien presbytère, transformé en gîte rural.*

*En face de l'église, un buste d'Eugène Labiche, académicien, homme de théâtre, rappelle qu'il fut maire de la commune entre 1868 et 1878. Il favorisa le renouveau de la Sologne en s'intéressant aux problèmes agricoles et forestiers.*

## Septembre 2013

Lundi 2 Septembre
Ste INGRID
matin
après-midi

Mardi 3 Septembre
St GRÉGOIRE
matin
après-midi

Mercredi 4 Septembre
Ste ROSALIE
matin
après-midi

Jeudi 5 Septembre
Ste RAÏSSA
matin
après-midi

Vendredi 6 Septembre
St BERTRAND
matin
après-midi

Samedi 7 Septembre
Ste REINE
matin
après-midi

Dimanche 8 Septembre
Nativité N.-D.
matin
après-midi

Lundi **9** Septembre
St ALAIN

matin

après-midi

Mardi **10** Septembre
Ste INÈS

matin

après-midi

Mercredi **11** Septembre
St ADELPHE

matin

après-midi

Jeudi **12** Septembre
St APOLLINAIRE

matin

après-midi

Vendredi **13** Septembre
St AIMÉ

matin

après-midi

Samedi **14** Septembre
La Ste CROIX

matin

après-midi

Dimanche **15** Septembre
St ROLAND

matin

après-midi

# La vache du pove

Dans l'temps les gens qu'atait pas riches et qu'avait pas l'moyen de s'payer des vaches ou même eune vache, y l'avait tout simpelment eune chieuve ou deux et c'est sans doute pour ça qu'on l'appelait la vache du pove.

Ah ! qu'a t'ai ben utile c'te béte la de par son lait d'abord et pi les fromages et pi les qu'euqu'es biquions qu'on vendaient au printemps et qui fesaient qu'euqu'es sous et pi on les tuaient et on les mangaient et anvec leux piaux on fesait les fameuses piaux d'biques ben utiles dans les carrioles pour les farmiers riches et mémé les marchands d'vaches qui curieusement s'réchauffaient anvec des piaux d'chieuves, ouè, a t'ai ben utile surtout pour les poves vielles femmes pas riches.

C'te bête la a l'avait biaucoup d'importance et c'est sans doute pour ça que de nombreuses expressions ont été dites su c'tanimal la.

1- il est coume les chieuves y l'a la graisse en d'dans en parlant d'eune parsounne maigue.

2- en parlant itou d'eune parsounne maigue mais la téte allongée en pu on disait : a pourrait ben biner eune chieuve enter les 2 cornes .

3- coume les solognots y r'marquaient y disait en parlant d'un aute qui marchait la tête en avant : amarche en chieuve qui musse. En effet a sont très adrettes et pour passer dans les épines et les grillages a trouvent toujou un endet anvec leux téte charcheuses.

4- en s'moqu'ant d'un aute qu'était mal jambè y disait : y l'a les jambes en biquion qui téte.

5 - quand eune fille avait fautè et qu'atait forcée de s'marier, même que l'gas y y plaisait pas et qu'a t'ai pas ben héreuse ses parents y y disaient : chieuve attachée , faut ben qu' a broute.

Ben sur v'allez m'disent tout c'est des histouères de vieux et eune chieuve ça compte pu pour gangner sa vie et ça vous fait tous rise quand on vous pale de chieuves ou d'bouca.

Mais de toutes maniées y l'en faut et vous tous que ça fait rire quand qu'v'allez au restaurant et qu'on vous présente le platiau d'fromage

vous riboulez deus oeils
vous argardez la bouteille de gamay
vous vous lichez les babouinnes
vous étes ben content d'dise:
ouè ! Un p'tit chéve. ■

Traduction page 90

*Les petits trucs Beauté*

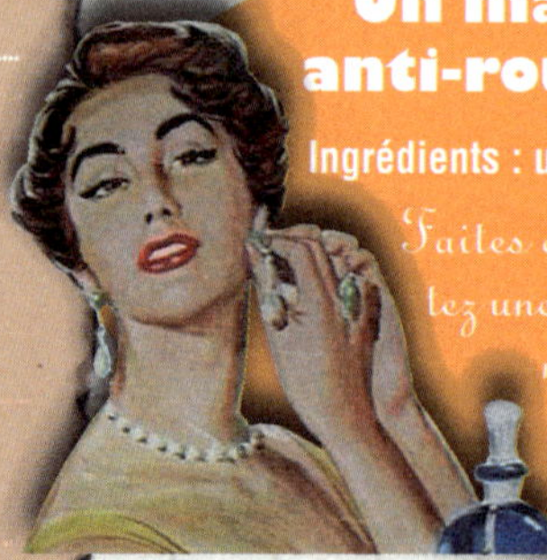

**Un masque anti-rougeurs pour les mains :**

**Ingrédients : une pomme de terre, de l'huile d'olive**

*Faites cuire une pomme de terre, écrasez-la puis ajoutez une cuillerée à soupe d'huile d'olive. Appliquez ce mélange sur vos mains, laissez poser 15 minutes puis rincez.*

# La recette de Grand-Mère

## Faisan au vin de Cheverny rouge

**Pour 4 personnes**

1 beau faisan • 1/2 bouteille de Cheverny rouge
10 pommes goldens • 1 œuf
1 pot moyen de crème fraîche (4 cuillerées à soupe)
Une petite poignée de mie de pain
50 g de beurre • 2 cuillerées à soupe d'huile • Sel • Poivre

Hacher le foie et le gésier du faisan, ajouter la mie de pain, une pomme râpée, du sel, du poivre et l'œuf entier. La farce doit être assez ferme et bien poivrée.
Bourrer le faisan avec la farce.
Faire fondre un petit morceau de beurre et 2 cuillerées d'huile dans une cocotte, dorer le faisan. Verser un grand verre de vin et deux pommes épluchées, creusées, coupées en lamelles.
Couvrir la cocotte et laisser cuire à petit feu 1 heure et quart.
Pendant ce temps, éplucher et couper les pommes en lamelles, faire sauter et dorer dans le reste de beurre, ajouter le vin et les faire cuire à feu vif.
Au moment de servir, retirer le faisan, le faire griller
5 minutes sous le gril, verser la crème dans la cocotte pour lier le jus rendu, mélanger.
Servir le faisan bien doré, sur un plat chaud, entouré des pommes, nappé de sauce bien relevée.

Le saviez-vous ?

## La coiffe

La coiffe, en Sologne, se composait dans la plupart des cas de trois parties: un fond supportant broderies et plumetis, une passe, cordon placé autour du bonnet et d'une lite, bande de tulle, dentelle ou mousseline gaufrée bordant la passe. Cette partie s'appelait aussi: "Paillé", car l'ondulation donnée à la lite de dentelle amidonnée, était réalisée grâce à la pose de pailles de seigle, celles de blés possédant trop de nœuds, retenues par un gallon tendu fortement et fixé par des épingles aux deux extrémités.

Selon les couches sociales, un seul "paillé" pour une bourgeoise "ordinaire", deux pour une riche bourgeoise. Il pouvait également varier selon la situation matrimoniale de la personne.

Le bonnet ne se portait pas à même les cheveux, il était protégé par le port d'une sous-coiffe et demandait une coiffure bien particulière. le plus souvent les femmes plaquaient leurs cheveux séparés d'une raie au milieu et d'une autre derrière les oreilles, ramenés vers l'avant. La partie sur la nuque était tournée en chignon, les cheveux du devant, bien lissés, étaient ramenés sur un bandeau-bourrelet, appelé souris. Beaucoup de temps était nécessaire pour se coiffer et poser le bonnet. Il fallait souffrir pour être belles. Et belles, elles l'étaient nos grands-mères!

**Septembre 2013**

Lundi **16** Septembre — Ste EDITH
matin
après-midi

Mardi **17** Septembre — St RENAUD
matin
après-midi

Mercredi **18** Septembre — Ste NADÈGE
matin
après-midi

Jeudi **19** Septembre — Ste ÉMILIE
matin
après-midi

Vendredi **20** Septembre — St DAVY
matin
après-midi

Samedi **21** Septembre — St MATTHIEU
matin
après-midi

Dimanche **22** Septembre — St MAURICE
matin
après-midi

## Septembre 2013

Lundi **23** Septembre
AUTOMNE

matin

après-midi

Mardi **24** Septembre
St THÈCLE

matin

après-midi

Mercredi **25** Septembre
St HERMANN

matin

après-midi

Jeudi **26** Septembre
St CÔME, DAMIEN

matin

après-midi

Vendredi **27** Septembre
St VINCENT DE PAUL

matin

après-midi

Samedi **28** Septembre
St VENCESLAS

matin

après-midi

Dimanche **29** Septembre
St MICHEL

matin

après-midi

# La vache du pauvre

## (traduction)

*Autrefois les personnes qui n'étaient pas riches et qui n'avaient pas assez d'argent pour s'acheter des vaches ou simplement une vache, avaient tout simplement une chèvre ou deux et c'est sans doute pour cela que nous l'appelions : la vache du pauvre .*

*Ah! qu'elle était bien utile cette bête là, de par son lait d'abord et puis les fromages et puis les quelques biquets que nous vendions au printemps pour faire un peu d'argent et puis nous les tuions, nous les mangions et avec leurs peaux il était fait les fameuses peau de bique, bien utile dans les carrioles pour les fermiers riches et même les marchand de vaches qui curieusement se réchauffaient avec des peaux de chèvres : elles étaient bien utile également pour les pauvres vieilles.*

*Cette bête là avait beaucoup d'importance et c'est sans doute pour ça que de nombreuses expressions ont été dites sur cet animal là.*

*1- il est comme les chèvres, il a la graisse en dedans en parlant d'une personne maigre.*

*2- en parlant aussi d'une personne maigre mais la tête allongée en plus nous disions : elle pourrait bien embrasser une chèvre entre les deux cornes.*

*3- comme les solognots remarquaient tout , ils disaient en parlant d'une autre personne qui marchait la tête en avant : elle marche en chèvre qui "musse". En effet , elles sont très adroites et pour passer dans les haies et les grillages elles trouvent toujours un endroit avec leurs têtes chercheuses.*

*4- en se moquant d'une personne qui marchait les jambes écartées , il disait : il marche en biquet qui tète ,*

*5- quand une fille avait fauté et qu'elle était obligée de se marier, même si le garçon ne lui plaisait pas ses parents lui disaient : chèvre attachée faut bien qu'elle broute.*

*Bien sur vous allez me dire tout ça c'est des histoires de personnes âgées et une chèvre ça ne sert plus pour gagner sa vie et ça vous fait tous rire quand vous entendez parler de chères et de bouc.*

*Mais obligatoirement il en faut et vous tous que ça fait tant rire, quand vous allez au restaurant et que le plateau de fromage vous est présenté*

*Vous écarquillez deux yeux*
*Vous regardez la bouteille de Gamay*
*Vous vous léchez les lèvres*
*Vous êtes bien content de dire :*
*Oui ! un petit chèvre !* ■

**Roger Blanchard**

*Remède d'autrefois, déconseillé...*

### Furoncles (ardants clâs – cicale – furonculose)

*S'abstenir de manger des pommes de saint jour de Noël ; — porter sur soi la peau dont la couleuvre se dépouille à la mue. — Cataplasme de fleurs de lys dans du lait chaud ; — d'oseille dans du beurre non salé ; — de bouchon de liège calciné dans du beurre. — Signer les furoncles, chaque matin, en disant : "Au revoir clou !" — et chaque matin, en disant : "Bonjour, clou !".*

*...pour les malades d'aujourd'hui !*

La recette de Grand-Mère

# Lapin des vendanges

**Morceaux de lapin • Matière grasse**
**1 oignon • Sel, poivre • Ail, carotte • Thym, laurier**
**1 petit bol de grains de raisins**

**Pour 4 personnes**

Faire sauter du lapin, coupé en morceaux, avec la matière grasse de votre choix; quand il est doré, ajouter de l'oignon coupé fin, dorer à nouveau, puis saler, poivrer.

Ajouter ail, carotte, thym, laurier et mouiller avec le petit bol de grains de raisins.

Bien refermer la cocotte et faire cuire doucement environ 1 heure.

Pour servir, mettre les morceaux de lapin dans un plat chaud et les recouvrir de la sauce passée sur un tamis.

Si les raisins sont acides, ajouter un sucre à mi-cuisson quand on goûte.

Le saviez-vous ?

## Georges Daudu :

### 1919 - 2009 patriarche de la ruralité

*Georges Daudu, fils et petit fils d'une lignée d'agriculteurs de Maray, aurait pu devenir un brillant ingénieur à la fin de ses classes préparatoires au prestigieux lycée Louis le Grand à Paris. Mais la guerre de 39-45 en a décidé autrement, interrompant ses études pour l'envoyer au front puis dans le maquis de la Résistance pendant quatre longues années.*

*A son retour il reprend la ferme familiale des Barrets à Maray, à la lisière de la champagne berrichonne sur une centaine d'hectares. Il se consacrera à sa ferme pendant 46 ans avec son épouse Simone, employant jusqu'à une dizaine d'ouvriers sur son exploitation.*

*Grand défenseur de la vie paysanne, Georges est élu maire de Maray à 34 ans et le restera pendant 48 ans, et cinq ans plus tard, en 1958, conseiller général du Loir-et-Cher, dont il sera l'un des vice-présidents pendant 43 ans.*

*Durant toute la durée de ses mandats, il consacrera toutes ses forces à ses concitoyens, poussant à la création d'écoles rurales, de la gendarmerie, de la maison de retraite de Châtres-sur-Cher, et la construction du pont de Saint Julien-sur-Cher.*

*Sa ferme datant de plus de deux siècles, aux bâtiments regroupés autour d'une cour carrée, a été léguée à sa mort à la communauté de communes du Romorantinais et du Monestois pour devenir un centre de mémoire de la ruralité et de pédagogie des travaux agricoles qui faisaient la fierté de Georges Daudu.*

*Celui que Jeanny Lorgeoux saluait lors de sa disparition comme le "patriarche de la ruralité" a souhaité que sa ferme familiale transmette aux générations futures les traces d'une agriculture en voie de disparition ou de mécanisation à outrance, à l'inverse de l'approche écologique avant l'heure de cet infatigable terrien.*

Lundi **30** Septembre
St JÉRÔME

matin

après-midi

Notes

Conte d'Hier...

### Le Petit Chaperon rouge (13-14)

Le petit Chaperon rouge tira la chevillette, la porte s'ouvrit. Le loup la voyant entrer se cacha sous la couverture et lui dit : Mets la galette et le pot de beurre sur la huche et vient te coucher avec moi.

Le petit Chaperon rouge se déshabille et se couche avec le loup, croyant que c'était sa bonne grand'mère.

(Suite page 100)

# Le sort jeté à Pierron (suite)

On ne retrouva pas sa dépouille, sa famille pensa qu'il avait déserté la région et qu'il était parti chercher fortune sous d'autres cieux. L'hiver suivant, une forte tempête fit tomber le faîte d'un grand chêne sur le trou d'eau et en obstrua la majeure partie. Puis la végétation gagna et le trou d'eau, au fil des ans, se combla. La forêt l'envahit. À peine voyait-on encore, deux siècles plus tard, comme une légère dénivellation, un léger accident de terrain à cet endroit. Le temps passa. La forêt fut coupée, et devint une lande où l'on envoyait paître les moutons, puis la lande redevint un taillis, jusqu'au jour où Monsieur Y. décida d'y faire creuser un étang.

« Il est presque terminé ! De la belle ouvrage ! » s'exclame le propriétaire avec un certain contentement. Les pelleteuses ont dessiné un beau galbe à la future pièce d'eau. Plus qu'une centaine de mètres cubes de terre à soulever et l'Étang des Gobelins verra le jour…

A six heures, les moteurs se taisent enfin. M. Y offre une tournée aux ouvriers.

« Bravo, les gars ! Il n'y a plus qu'à attendre qu'il pleuve ! »

Aucune des personnes présentes, tout à la joie de l'œuvre accomplie, n'est consciente du miracle qui vient de se produire. L'esprit de Pierron encore à moitié endormi vient d'être extirpé de sa longue nuit et c'est au crépuscule qu'il s'éveille enfin, comme engourdi.

Que fait-il là ? Il se secoue. Il a grand soif et dépliant ses membres endoloris, il s'élance droit devant lui. Les bois lui semblent étrangement familiers, mais cette curieuse rivière aux eaux si calmes, aux rives si droites comme taillées au couteau ne lui rappelle rien.

« Où suis-je donc ? » pense-t-il.

Après s'être désaltéré, il reprend sa course effrénée à travers les broussailles, sautant au-dessus des branches. Il ne se savait pas tant d'agilité ! Derrière une haie de charmilles, il entend des rumeurs qui lui sont inconnues et lui paraissent suspectes, comme des roulements de tambour, des bruits d'orages lointains. La curiosité le pousse et il se dirige dans la direction d'où vient ce ronronnement terrifiant. Arrivé près d'un grand champ, il s'arrête net. Une curieuse monture, chevauchée par le diable en personne, pétaradante et illuminée, racle la terre, la soulève et la repousse en mottes rectilignes. Pierron n'a jamais rien vu de semblable.

« Me v'là rendu en enfer », se dit-il en frissonnant, avant de retourner bien vite dans le fourré. Au passage, il attrape une jeune pousse de merisier et la dévore avidement. Des bribes de souvenirs lui reviennent de sa vie.

Il revoit le tonneau et il ne ressent que dégoût. Il se souvient de sa femme et de ses enfants et ses yeux s'embuent : « Où sont-ils donc, mes chers miens ? » Il se rappelle les crocs du loup et son corps frémit. Où a-t-il mis son couteau ? Il le cherche dans sa poche, mais ses habits sont perdus… Pourtant, il n'a pas froid. Il est vêtu de cette chaude pelisse au poil court et dru qui le couvre entièrement. Il ouvre la bouche pour crier, mais aucun son ne sort. Il porte sa main à sa bouche, mais c'est un sabot qui se présente devant ses yeux atterrés. Un sabot que prolonge une patte, une patte qui obéit à ses ordres. Il se baisse et s'examine, constatant qu'il en possède trois autres et tout à coup son abominable condition lui apparaît clairement : il n'est plus esprit, il n'est plus humain, il est devenu ce qu'il a tant chassé, sa vie durant : un chevreuil !

Et du fond de sa mémoire, revient alors le sort que cette vieille folle lui avait jeté autrefois. Sur le moment, il lui avait ri au nez et l'avait envoyée au diable :

« Chevreuil, jusqu'à ta mort, pour pénitence deviendras, alors seulement de tes péchés délivré tu seras, et la rédemption connaîtras. »

La gitane, qu'il venait de rouer de coups pour lui voler son panier, lui avait lancé ces paroles sur un ton prophétique, puis crachant à terre, elle s'était éloignée le dos courbé par la douleur. Il avait ri, d'un rire mauvais d'ivrogne et de scélérat.

Les années de réclusion au tréfonds de la terre ont opéré en lui un changement radical.

Aujourd'hui, il méprise l'homme qu'il était jadis.

Dieu qu'il regrette tout le mal qu'il a fait durant sa vie terrestre !

Il s'en repent maintenant. Et si telle doit être sa pénitence de prendre l'aspect de ce bel animal pour expier ses fautes, il accepte bien volontiers la peine infligée par les dieux. Il finira bien pas se faire tirer par un chasseur, ou peut-être, vieux et malade, tombera-t-il sous le bec acéré d'un rapace ou sous les crocs d'un loup, encore une fois !

Mais si la prophétie dit vrai, cela signifie que son âme sera alors sauvée, et c'est son unique désir, son seul espoir de revoir les siens dans un monde meilleur. Aussi, d'un bond se dresse-il, et s'élançant, il continue son chemin, le cœur léger, à travers l'immense massif forestier. ■

Carnet de notes
de Papounet
le jardinier

# Du jardin d'hier...

## Dans la marmite

### Oignons caramélisés

6 beaux oignons
6 cuillères d'huile d'olive • 2 cuillères de sucre poudre
6 cuillères de vinaigre balsamique
Sel fin et poivre du moulin

***Éplucher les oignons et les couper en quartiers. Faire chauffer l'huile d'olive, ajouter les oignons et les faire dorer pendant 15 minutes. Ajouter le sucre et cuire encore 15 minutes à feu moyen, en remuant souvent. Verser le vinaigre, bien mélanger et cuire jusqu'à évaporation. Saler et poivrer. Un très bon accompagnement pour toutes les viandes blanches.***

## L'Oignon

Pour la culture de l'oignon, à la mi-mars, préparer le terrain de façon d'avoir un sol léger, fertile et riche en humus. Tracer les rangs espacés de 30 cm entre les lignes sur 2 cm de profondeur. Soit semer une graine tous les centimètres, soit planter avec le doigt des bulbes tous les 6/8 cm. Pour le semis, éclaircir en laissant 4 cm entre chaque plant puis quinze jours plus tard éclaircir de nouveau en laissant 8 cm. Le deuxième éclaircissage ne concerne pas les oignons blancs. En fin de culture, coucher le feuillage pour accélérer la maturation. Pour obtenir de plus gros oignons, il faut dégager la terre autour du légume en prenant soin de laisser les racines bien en terre environ 2 semaines avant la récolte.

On classe deux catégories, le blanc et le couleur. Le blanc hâtif de Paris, le plus connu et le plus résistant au froid, se plante en automne. Pour les oignons de couleur, le jaune paille des vertus, gros, plat et productif ; Flinstone, rond et jaune ; le rouge de Florence, doux et sucré. Bien d'autres variétés existent encore dans les jardineries.

Voilà un aliment qui devrait etre indispensable à notre nutrition et là où passe l'oignon, les rhumatismes trépassent.

## Le Raisin

La vigne fait partie de la famille des *Vitaceae* et du genre *Vitis*. La vigne est une liane à feuilles caduques qui peut atteindre une vingtaine de mètres. Elle se prête à tous les supports (mur, pergola, arbre mort...), s'attachant solidement à son support grâce à ses vrilles. Les variétés de vigne sont appelées des cépages. Il en existe des milliers, chacun d'eux se distinguant par la forme de la grappe et sa taille, le goût et la couleur des grains. Les cépages de table largement cultivés appartiennent tous à l'espèce Vitis *vinifera*. Cette plante sarmenteuse vivace produit des baies juteuses et comestibles.

### Un bon outil :

## Le sécateur

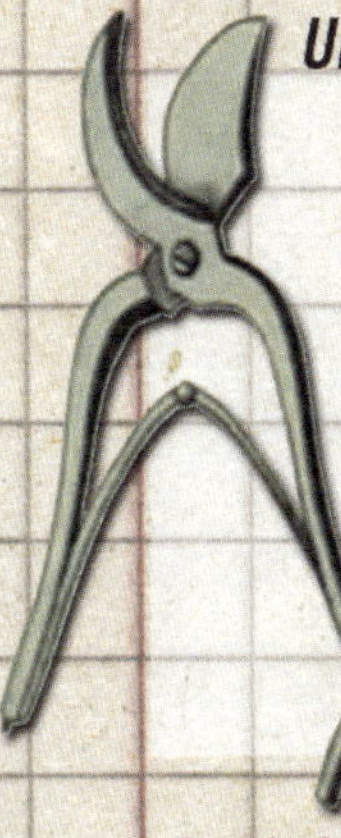

Le sécateur est un outil utilisé pour les opérations de taille. C'est une sorte de ciseau robuste qui sert à couper de petites branches. Il fut inventé par Antoine François Bertrand de Molleville, ancien ministre de Louis XVI, exilé par la Révolution.

Extrait du *Potager à l'assiette* de Jean-Marc Gourbillon, aux éditions CPE

# Photographies d'hier

# Octobre

" Si on bâtissait la maison du bonheur, la plus grande pièce en serait la salle d'attente"

**Jules Renard**

Balance

Du 24 septembre au 22 octobre

Scorpion

Du 23 octobre au 22 novembre

Balade dans les rues de Dhuizon

Proverbe

Le vent, la pluie
et les parents
Après trois jours
sont ennuyants.

2013

## La Douche écossaise

Octobre c'est la douche écossaise : il bat le chaud et le froid sans respecter l'ordre alphabétique, ni aucun autre ordre d'ailleurs. C'est le random absolu. Octobre devrait être une femme. Chaque matin est tiré au sort, encore ne faut-il pas trop se fier à la couleur annoncée, car l'heure propice peut passer sans crier gare. Il est fait sur mesure pour les enfants, qui vivent dans l'imprévisible, font trop confiance à leurs désirs et ne regardent pas la course réelle du soleil dans le ciel. Il est fait sur mesure pour l'école, où les leçons se suivent et ne se ressemblent pas. Pour les adolescents aussi, des adolescents pour qui l'amour a tous les jours une face nouvelle et, bien sûr, totalement imprévisible. Bref, octobre est un mois qui vit au jour le jour.

## Châtaignes

La châtaigne arrive à la Toussaint dans son blouson de cuir marron, à l'abri du froid. Elle vient de la forêt, de la montagne, et elle tombe avec un bruit sourd entre les champignons, égrenée en silence par l'arbre. Ma dure adolescence la cherchait en des endroits secrets, et les belles soirées d'automne elle réunissait la famille joyeuse autour du feu, de la poêle percée et du vin nouveau, dessert et fête. C'était la récompense des voisins qui avaient écalé le maïs avec nous dans le vestibule. Quand je ferme la main du souvenir, je la sens, brûlée, attendrie et toute chaude, à travers la parenthèse des ans. Elle était bonne comme notre jeunesse. Aujourd'hui je l'achète chez l'épicier, et je la mange solitaire, et je lui trouve toute sorte de défauts. Car je ne l'ai pas méritée, et de l'ancienne compagnie il ne reste presque plus personne.

**P.V**

**Octobre 2013**

Notes

Mardi **1er** Octobre
Ste THÉRÈSE DE L'E.

matin

après-midi

Mercredi **2** Octobre
St LÉGER

matin

après-midi

Jeudi **3** Octobre
St GÉRARD

matin

après-midi

Vendredi **4** Octobre
St FRANÇOIS D'A.

matin

après-midi

Samedi **5** Octobre
Ste FLEUR

matin

après-midi

Dimanche **6** Octobre
St BRUNO

matin

après-midi

# Octobre 1983 : Naissance du Petit Solognot

**Le Petit Solognot**

Mensuel gratuit — Informations — Curiosités et Publicité — Diffusion : 50.000 exemplaires — Décembre 1983 — N° 2

**Joyeux Noël...**

**LE TERFOU** *usances d'Auterfouis*

*V'là don' la Nouèl qu'est enrivée,*
*J'allons p'i-êt' ben nous areuiller.*
*Quo qu'c'est qu'i't'en dis la Métayée ?*

**FABLIAU BACHIQUE** (1)

*Broû... fait grand fréd ! La tarr' tiont g'lée,*
*L'vent d'nôrd i buffe en étribou,*

En 1983 paraissait le premier numéro du *Petit Solognot*, c'était à l'occasion des Journées gastronomiques de Sologne.

Aujourd'hui « le journal de chez nous », comme disent les Solognotes et les Solognots, est devenu une véritable institution, attendue et dévorée par tous.

Ils n'étaient pourtant pas très nombreux à croire au succès d'une telle entreprise. Ils étaient plus nombreux par contre à pronostiquer une vie éphémère. Ils étaient nombreux, aussi, à les prendre pour des fous, des hurluberlus, Gérard Bardon et Dominique Labarrière, les créateurs du journal. Mais ils avaient l'amitié, l'enthousiasme, la passion de la communication et de l'écriture, l'amour de la Sologne. En somme, ils voulaient être agréables aux Solognots tout en se faisant plaisir.

Au fil des mois, au fil des ans, le contenu et l'aspect du *Petit Solognot* ont évolué, toujours dans le souci de donner satisfaction à ses lecteurs. Dans le contenu, effectivement, avec le souci de valoriser, de présenter, d'animer la Sologne, mais aussi dans la présentation avec l'arrivée de la couleur et grâce à un véritable artiste qui œuvre au montage, Alain Ossant.

suite page 97

*Les petits trucs Beauté*

**Pour des mains toutes douces :**

*Pour les protéger il vous faut de l'huile d'amande douce enrichie en huile de noisette. Massez les mains avec l'huile puis, mettez des gants de coton et les laisser toute la nuit.*

## La recette de Grand-Mère

# Terrine aux girolles

**Pour 4 personnes**

**A préparer la veille**
**100 g de pieds-de-mouton • 100 g de girolles**
**150 g de trompettes des morts**
**300 g de mousse de foie d'oie mi-cuite**
**8 feuilles de gélatine • 50 cl de vin de Meursault**
**Sel, poivre du moulin**

Laver et égoutter rapidement les champignons après avoir ouvert en deux trompettes et girolles pour éliminer le sable, bien les éponger. Émincer les pieds de mouton. Dans une casserole inox ou émail, porter à ébullition le Meursault, saler et poivrer, ajouter la gélatine trempée 5 mn à l'eau froide, puis les cham-pignons, faire cuire couvert à feu doux 5 mn. Égoutter les champignons sur un saladier. Dans la cuisson recueillie, ajouter la mousse de foie d'oie, passer au mixer, rectifier l'assaisonnement, puis reverser les champignons dans le liquide. Garnir une terrine de ce mélange. Tasser légèrement avec une fourchette, laisser reposer une nuit au réfrigérateur.

*Le Petit Solognot* a donc, au fil du temps, pris du poids et de la force. Dans beaucoup de maisons on le lit, on l'attend, on le garde. Il est devenu un véritable compagnon. Il informe sur les manifestations locales, les fêtes et les foires, les évènements, l'actualité, les anecdotes curieuses, les richesses gastronomiques et les traditions de cette belle région.

Et puis, il fut l'un des pionniers dans la transformation que subit la presse écrite. Il est le premier gratuit de rédactionnel informatif et régional, bimensuel, au tirage de 52 000 exemplaires, ce qui représente environ 100 000 lecteurs. Son petit frère, *Le Petit Berrichon* a vu le jour en 2010, il est en pleine croissance.

Les Solognotes et les Solognots furent d'ailleurs nombreux à fêter la sortie du numéro 500, en mai 2011 dans le joli décor de Center Parc à Chaumont-sur-Taronne…

Il est toujours, tous les quinze jours, soulignement vôtre !

**Fête du numéro 500 !**

## Octobre 2013

Lundi **7** Octobre
St SERGE

matin

après-midi

Mardi **8** Octobre
Ste PÉLAGIE

matin

après-midi

Mercredi **9** Octobre
St DENIS

matin

après-midi

Jeudi **10** Octobre
St GHISLAIN

matin

après-midi

Vendredi **11** Octobre
St FIRMIN

matin

après-midi

Samedi **12** Octobre
St WILFRIED

matin

après-midi

Dimanche **13** Octobre
St GÉRAUD

matin

après-midi

**Octobre 2013**

Lundi **14** Octobre
St JUSTE

matin

après-midi

Mardi **15** Octobre
Ste THÉRÈSE D'AVILA

matin

après-midi

Mercredi **16** Octobre
Ste EDWIGE

matin

après-midi

Jeudi **17** Octobre
St BAUDOIN

matin

après-midi

Vendredi **18** Octobre
St LUC

matin

après-midi

Samedi **19** Octobre
St RENÉ

matin

après-midi

Dimanche **20** Octobre
Ste ADELINE

matin

après-midi

# Le boulanger

Personnage incontournable du bourg, le boulanger était présent dans chaque commune. Avec la disparition progressive des fours à pain dans les fermes et l'amélioration du réseau routier rendant les déplacements plus faciles, tous les habitants de la commune se rendent chez leur boulanger. Pour autant, ce dernier n'en reste pas moins itinérant et passe la journée sur les routes pour sa tournée hebdomadaire. En période de grands travaux, lorsque les paysans n'ont guère le temps de se déplacer, le boulanger tire d'appréciables revenus de sa tournée, surtout lorsqu'il s'agit de nourrir d'imposantes tablées lors des moissons ou du battage. Chaque commune comptant un nombre important d'exploitations, il partage sa semaine en plusieurs secteurs, chacun d'entre eux lui demandant bien une journée entière de déplacement. Il utilisait pour cela une voiture à cheval lui servant aussi pour ramener la farine des moulins et minoteries dont la plupart se situait dans le Val de Loire. Aprés la Grande Guerre, le boulanger fut un des premiers, sinon le premier, à faire l'achat d'une camionnette pour effectuer plus rapidement ses tournées. La modernité n'atteint toutefois pas encore le four à pain fonctionnant toujours avec le pin de Sologne livré en "falourdes". Dans le même temps, les boulangers des grandes villes délaissent le bois au profit du gaz, cela au grand dam des propriétaires fonciers pour qui cette vente réprésentait un débouché appréciable pour du bois n'ayant aucune autre valeur marchande. Les années 30 voit aussi

suite page 99

*Les petits trucs Beauté*

**Contre les mains gercées :**

*Dans un grand bol, mêlez un jaune d'oeuf, 1 c. à thé (5 ml) d'huile d'olive, 1 c. à soupe (15 ml) de lanoline et le jus d'un demi-citron.*
*Avant de vous mettre au lit, enduisez vos mains de cette préparation, puis enfilez une vieille paire de gants jusqu'au matin.*

## La recette de Grand-Mère

# Ragoût de châtaignes

Pour 4 personnes

**500 g de châtaignes**
**1 verre de vin blanc • Du bouillon • 2 oignons**
**1 échalote • Sel, poivre**

Passer rapidement les châtaignes à la poêle, afin d'enlever l'écorce plus facilement, ainsi que la petite peau qui se trouve dessous. Les éplucher.
Prendre une casserole, y mettre les châtaignes avec le bouillon et le vin blanc. Saler et poivrer.
Hacher les oignons et l'échalote. Ajouter le hachis dans la casserole.
Laisser réduire la sauce. Attention à ne pas trop toucher aux châtaignes, pour éviter qu'ils ne se cassent.
Cette préparation peut permettre de farcir une pintade ou une dinde, par exemple.

les boutiques se moderniser et les vitrines s'éclairer. C'est la naissance de la boulangerie telle qu'elle existe de nos jours avec son comptoir, ses rayonnages, le tout bien séparé du four et du pétrin qui disparaissent de la vue du client. Désormais,la boulangère possède son propre espace où elle règne en maître et tient les cordons de la bourse. ■

G.B

## Le saviez-vous ?

### L'as des as

*De quelqu'un de contrefait on disait au XVIIème siècle qu'il était "fichu comme l'as de pique ". C'est une expression que l'on entend encore parfois de nos jours pour désigner une personne mal habillée, bizarre et comique. Mais pourquoi cette figure de carte à joueur véhicule-t-elle cette image ridicule ?*
*Il semblerait que l'as de pique figure assez bien le croupion d'une volaille, revêtu assez joliment des plumes de la queue... Attention donc à l'emploi de l'expression.*

## Octobre 2013

Lundi 21 Octobre
Ste CÉLINE

matin

après-midi

Mardi 22 Octobre
Ste ÉLODIE

matin

après-midi

Mercredi 23 Octobre
St JEAN DE C.

matin

après-midi

Jeudi 24 Octobre
St FLORENTIN

matin

après-midi

Vendredi 25 Octobre
St CRÉPIN

matin

après-midi

Samedi 26 Octobre
St DIMITRI

matin

après-midi

Dimanche 27 Octobre
Ste ÉMELINE

matin

après-midi

Lundi **28** Octobre
St SIMON, JUDE

matin

après-midi

Mardi **29** Octobre
St NARCISSE

matin

après-midi

Mercredi **30** Octobre
St BIENVENUE

matin

après-midi

Jeudi **31** Octobre
St QUENTIN

matin

après-midi

# Les oiseaux rares du bassin de la Loire

## Le Balbuzard pêcheur

Rapace emblématique, il mesure plus de 1m50 d'envergure. Migrateurs, plusieurs milliers d'oiseaux traversent la France pour aller ou revenir d'Afrique. Il se nourrit de poissons qu'il pêche sur les cours d'eau et les lacs. Il est reconnaissable à sa queue courte et carrée et à sa tête fine, proéminente et blanche avec une barre noire sur un œil jaune. En France, l'espèce est en plein essor, mais il ne se reproduit qu'en région Centre et en Corse.

## Le Guêpier d'Europe

Très coloré, relativement bruyant et apte aux prouesses aériennes, le Guêpier d'Europe ne passe pas inaperçu. Il se nourrit de guêpes, d'abeilles, de libellules ou de papillons. Alors que l'espèce ne colonisait que le midi de la France au milieu des années 1950, un premier bataillon s'installe sur la Loire dans l'Allier au début des années 70. Migrateur, l'oiseau s'installe dans les berges des rivières, mais aussi dans les talus et fronts de taille des anciennes carrières.

## Les Sternes naines pierregarin

C'est au printemps que les Sternes reviennent d'Afrique pour nicher sur notre territoire. On les aperçoit survolant la Loire ou l'Allier en quête de poissons. Les grèves dépourvues de végétation sont leur lieu de prédilection pour installer leur nid et couver leur progéniture. C'est à la fin du mois d'avril ou début mai que les premiers œufs sont déposés, tachetés ils se confondent à leur environnement et déjouent les prédateurs.

## Le Petit Gravelot

Ce petit oiseau arrive sur la Loire en mars et repart pour l'Afrique entre juillet et septembre.

Son dos est beige, son ventre blanc, son masque et collier noirs et son œil bordé de jaune. Il trouve dans les îlots et grèves de Loire son habitat de prédilection. Toujours agité, il court très vite et vole comme une flèche, mais quand l'oiseau se tient immobile il est parfaitement invisible parmi les grèves ligériennes.

suite page 101

Conte d'Hier...

## Le Petit Chaperon rouge (15)

Le petit Chaperon rouge, qaund il fut dans le lit fut bien étonné de voir que sa grand'mère, quand elle était déshabillée avait la peau plus rude qu'un brosse.

(Suite page 106)

Remède d'autrefois, déconseillé...

## Goutte sciatique

*Invoquer Saint Gervais ; — cataplasme de bouse de vache réchaufée sur la cendre ; — aux racines de renoncules râpées, avec du beurre frais. — Comme baume : de la poix brune, de l'urine et des baies de genèvrier.*

...pour les malades d'aujourd'hui !

## L'Œdicnème criard

Oiseau crépusculaire, il est reconnaissable par ses grands yeux jaunes qui lui confèrent une vision nocturne. Il anime les grèves par de longs sifflements émis le soir ou la nuit. Migrateur, il s'installe sur les grèves caillouteuses de Loire et d'Allier, les étendues de champs cultivés et les friches. Son plumage lui permet de se camoufler dans ces milieux arides et à végétation rase. Protégé au niveau national l'espèce est en déclin en Europe.

## Le Canard Souchet

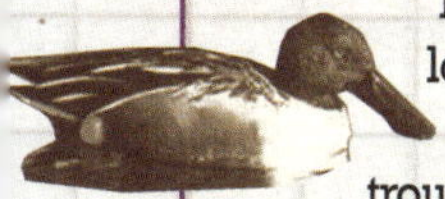

De taille moyenne, il est reconnaissable à son long bec en forme de spatule qui lui permet de filtrer l'eau et la vase dans laquelle il trouve sa nourriture : le plancton. Le mâle se reconnaît en période nuptiale à sa coloration contrastée : tête verte, poitrine blanche, verte et flancs brun-rouge. En France, il est présent principalement dans une moitié nord-ouest du pays

## Le Milan noir

Rapace diurne de couleur sombre à la queue longue et échancrée. Visiteur estival en France, il fréquente les terrains ouverts parsemés de forêts ou de bosquets près des lacs et des cours d'eau.

Son régime alimentaire est varié et opportuniste (poissons malades, petits mammifères, insectes…). Très fidèles à leur site de nidification, les couples sont sociaux et nichent à quelques dizaines de mètres les uns des autres dans de hauts arbres.

## Le Circaète Jean le Blanc

Ces grands rapaces rentrent d'Afrique tropicale, de mars à octobre, pour leur reproduction.

Landes et prairies des flancs des vallées leur offrent encore les territoires de chasse nécessaires ; mais l'avancée de la forêt menace sa survie. Les gorges de l'Allier et de la Loire forment d'immenses entailles dans le plateau du Velay. Une importante population de Circaètes Jean-le-blanc vit là.

## Le Héron cendré

Depuis qu'il est protégé, la silhouette gracile de ce bel échassier est visible partout. Le Héron cendré affûte campagnols, poissons, grenouilles, serpents... pour s'alimenter. Ses sites de reproduction sont régulièrement répartis le long de la rivière, où les grands peupliers noirs accueillent les colonies (des couples isolés à plusieurs dizaines). De fin janvier à début juin, le héron cendré élève une nichée de 2 à 5 jeunes.

## Le Tarier des prés

Petit oiseau brun au ventre et à la gorge orangés, il habite les prairies humides fauchées, les friches, les landes ou encore les marais. Grand chanteur pendant la période de reproduction, il se positionne bien en vue. Migrateur, il passe l'été et se reproduit dans nos régions. L'espèce, en fort déclin, a beaucoup souffert de la plantation de peupliers ou d'autres cultures intensives. Aujourd'hui encore, il est fréquent que ses nids, faits à même le sol, soient détruits par une fauche trop précoce. L'espèce est protégée au niveau national.

## La Locustelle tachetée

Migratrice, cette petite fauvette est discrète et difficile à repérer lorsqu'elle ne chante pas. Son chant ressemble à une stridulation d'insecte, monotone et aiguë. Insectivore, elle occupe des milieux très divers plus ou moins humides mais exige une configuration de la végétation bien particulière. Sa principale menace réside dans la destruction de son habitat (défrichements au profit de l'agriculture intensive et de l'urbanisation).

suite page 102

## Métier d'autrefois

**Le vin a une âme, le vin a un aspect, le vin a une personnalité. Et lorsque l'on sait qu'il peut aussi avoir de la jambe, du corps et même une belle robe, on se dit que s'il est marqué par le terroir où il s'enracine, il est modelé à l'image du vigneron, ou de la vigneronne, qu'il l'élève avec soins.**

# Les oiseaux rares du bassin de la Loire (suite)

## Le Fuligule morillon

Canard noir et blanc à petite huppe tombante à l'arrière de la tête, le Fuligule morillon est un plongeur qui cherche ses proies dans la vase. Il apprécie les grandes étendues d'eau avec une végétation et une microfaune aquatique riches. C'est un nicheur rare en France (environ 600 couples). L'espèce, qui est chassable, est surtout vulnérable en période de nidification du fait du manque de tranquillité sur les zones susceptibles de l'accueillir lors de sa reproduction.

## La Spatule blanche

En France, la Spatule blanche est estivante et très localisée. Protégée, elle est considéréecomme vulnérable. Les populations sont en déclin au niveau européen.

L'espèce niche en colonie, dans certains arbres parmi les hérons cendrés. La nidification est très discrète et passe souvent inaperçue car la spatule recherche la tranquillité, l'absence de dérangement et les adultes n'hésitent pas à aller se nourrir à plusieurs kilomètres, dès lors que les conditions sont favorables.

## Le Chevalier gambette

D'une cinquantaine de centimètres d'envergure il appartient à la famille des bécassines. Son plumage est plutôt sombre mais ses flancs sont mouchetés de brun-gris et ses pattes rouge orangé. Il se nourrit d'animaux qu'il trouve dans la vase, au pied des roselières, en bord d'étang ou de cours d'eau. On dénombre 1400 couples nicheurs en France et il est inscrit sur la liste rouge nationale comme « espèce vulnérable ».

## Le Râle des genêts

Oiseau aux mœurs discrètes, il se repère par son chant caractéristique : séries de CRE-CRE... sonores, portant à plus de 500 m. Migrateur, il installe son nid au sol dans les prairies alluviales. Les jeunes, qui ne savent voler qu'à l'âge de 30 jours sont particulièrement sensibles. Menacé en France, il souffre de l'intensification des pratiques agricoles : fauches précoces, destruction des pairies, disparition des zones inondables.

## Cincle plongeur

Adepte des ruisseaux clairs et oxygénés des têtes de bassin, il a besoin pour vivre d'une grande abondance d'invertébrés aquatiques qu'il capture en marchant à contre courant sur les fonds caillouteux. C'est un excellent témoin de la qualité des milieux aquatiques. Les couples se forment très tôt durant l'hiver et il n'est pas rare que les premières pontes soient déposées en février. Le nid est une boule de mousse qui passe souvent inaperçue malgré sa taille proche de celle d'un ballon de foot.

## Le Courlis cendré

Surnommé l'archer des oiseaux grâce à la forme et à la longueur de son bec (de 10 à 17 cm), ce grand limicole peut fouiller la vase ou la terre humide suffisamment profondément pour y dénicher ses proies. Il est également facilement reconnaissable grâce à son cri, à l'origine de son nom : cou-hi, cou-hi. Il se reproduit au sol, dans les prairies alluviales et les landes tourbeuses. Surtout commun dans l'Est de la France, il est menacé dans de nombreux départements par l'intensification agricole.

## L'Aigrette garzette

Avec son bec et ses pattes noirs, ses pieds jaunes mais surtout avec son plumage blanc assez peu commun, vous pourriez la prendre pour un Héron cendré albinos. L'espèce fut longtemps menacée, ses plumes ayant été utilisées longtemps pour orner les chapeaux féminins entre le XIXe et le XXe siècle. Heureusement la mode a changé, ce qui a permis à l'Aigrette garzette et à sa parente de ne pas disparaître. Actuellement, on assiste à une colonisation progressive du bassin de la Loire et on la rencontre sur les bords des principales rivières en toutes saisons.

## L'Hirondelle de rivage

Migratrice au long cours, l'Hirondelle de rivage hiverne en zone sahélienne et s'installe au printemps dans les berges abruptes des rivières et des sablières, pourvu que le substrat soit meuble. Les colonies sont de taille variable, de quelques couples à un millier. Sur le bassin de la Loire, l'espèce fréquente essentiellement le Centre, l'Auvergne et la Bourgogne, avec un effectif total proche de 25000 couples en 2004, soit la moitié de la population française.

## Le Martin pêcheur

Nicheur répandu sur l'ensemble du bassin de la Loire, il se reproduit dans les berges des rivières ou des sablières. Piscivore, il nécessite des eaux claires et non polluées. Il est menacé en outre par les dérangements à proximité des sites de nidification et par l'aménagement des berges. Ses effectifs sont très fluctuants, l'espèce subissant une forte mortalité lors des hivers rigoureux. Ils sont estimés à 1000-10 000 couples en France et ne sont pas connus sur le bassin. ■

Carnet de notes de Papounet le jardinier

# Du jardin d'hier...

*Dans la marmite*

## Pâtisson à la menthe

**2 beaux pâtissons**
**50 g de beurre frais • 15 cl de crème fraîche**
**1 tomate • 4 feuilles de menthe fraîche**
**Sel, poivre du moulin**

***Couper les pâtissons en quartiers, les éplucher, retirer les graines puis couper la chair en bâtonnets de 5 mm de côté environ. Etuver au beurre plusieurs minutes. Egoutter la préparation si nécessaire avant d'ajouter la crème fraîche et l'assaisonnement. Cuire 10 minutes environ à feu doux, puis ajouter la menthe ciselée avec la tomate coupée en petits dés. Laisser mijoter quelques minutes avant de servir en accompagnement d'un poisson cuit en papillote.***

## Le Patisson

En début de saison, semer 2 graines dans des pots à l'abri. Après la levée, ne garder qu'un pied par pot. Quand les plants ont 4 feuilles, les mettre en place dans un sol léger et bien ensoleillé. Pour cela, faire des trous et les remplir de terreau espacés de 1 m. Un paillage permet de garder une terre fraîche, attention de ne jamais mouiller les feuilles pour éviter les maladies. En pleine saison, semer directement en place en enfonçant 3 graines à 2 cm de profondeur espacé d'un mètre. Ne garder qu'un pied. Semer tous les 20 jours de façon à toujours en récolter sans avoir ni d'excès ni de manque..

**Le patisson contient plusieurs vitamines et minéraux. Il fait partie des légumes frais qui renferment le plus de calcium.**

## Le Coing

Le cognassier doit être planté dans un endroit bien exposé au soleil. Il doit également être abrité des vents et des gelées tardives et ne pas être planté au-dessus de 1000 m d'altitude. On l'utilise souvent comme porte-greffe du pommier et du poirier. Le cognassier s'adapte bien en climat océanique et semi-océanique mais demande une chaude arrière-saison pour permettre aux fruits de mûrir correctement. Il faut donc patienter le plus tard possible pour les récolter. Quand les fruits commencent à tomber, le coing est mûr. Le cognassier craint surtout la moniliose, la tavelure et les pucerons. Pulvériser de la bouillie bordelaise tous les 15 jours et une macération d'orties.

***Un bon outil :***

### La houe

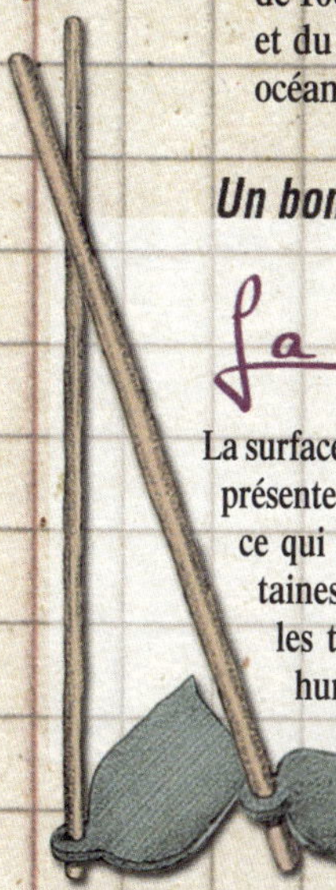

La surface travaillée à l'aide de cet outil se présente comme une succession de trous, ce qui peut d'ailleurs convenir à certaines cultures, notamment le mil et les tubercules de la zone tropicale humide.

**Extrait du *Potager à l'assiette* de Jean-Marc Gourbillon, aux éditions CPE**

# Photographies d'hier

# Novembre

« Il y a deux choses d'infini au monde :
l'univers et la bêtise humaine....
mais pour l'univers j'en suis pas très sûr. »

**Albert Einstein**

Scorpion

**Du 23 octobre au 22 novembre**

Sagittaire

**Du 23 novembre au 21 décembre**

Balade dans les rues de Mur-de-Sologne

Proverbe

Mort trop désirée :
Vie de longue durée.

# 2013

## Retour du froid

Dès que l'été a le dos tourné, ce qui se produit dès octobre, on s'aperçoit que le froid n'était pas parti bien loin. On l'aurait cru définitivement liquidé, les après-midi de juillet et d'août, brûlantes jusqu'au soir, étouffantes même la nuit. On l'aurait cru vaincu, enfui vers le pôle ou vers les contes de Noël, et il n'en était rien : il est resté tapi dans quelque cavité souterraine, se tenant modestement à l'écart. Oh, au début, il est discret, ne se fait pas remarquer, ne montre le bout de son nez que les matins humides des derniers jours de vendanges, juste pour qu'on apprécie une petite laine. Mais petit à petit il prend du poil de la bête, et il va se mettre à tout commander. Dès la Toussaint il aura mis le grappin sur tout le monde, sur tout novembre, sur ce qui reste de calendrier. Le temps idéal pour la plantation des arbres et arbustes.

## Toussaint

Les cimetières de la Toussaint sont endimanchés de chrysanthèmes. Les familles ont passé quelques heures à arracher les mauvaises herbes qui étouffent les tombes le long des autres mois et les dalles ont été lavées à grande eau, dépoussiérées des souvenirs impurs et des rancœurs. L'espace d'un jour on est entré dans la quatrième dimension, on a pris la machine à remonter la vie et, sous la main, la tombe est chaude de l'amour qu'on n'a pas su donner en temps voulu. Arrachés à nos tâches et à notre consommation, nous tournons un œil vers la transcendance, surpris qu'elle soit encore là. Et nous nous rendons compte, avec une douce frayeur, que les ans ont semé déjà à tous les vents des cimetières des morceaux de nous-mêmes. Memento homo....

**P.V**

Conte d'Hier...

**Le Petit Chaperon rouge** (16)

Le petit Chaperon rouge dit au loup : grand'mère que vous avez de grands bras. — C'est pour mieux t'embrasser ma fille, répondait le loup. (Suite page 116)

**Novembre 2013**

Notes

Vendredi 1er Novembre
TOUSSAINT

matin

après-midi

Samedi 2 Novembre
Défunts

matin

après-midi

Dimanche 3 Novembre
St HUBERT

matin

après-midi

# Le patronage de saint Martin

L'été de la Saint Martin est l'une des croyances les plus populaires en France. Elle est à l'origine d'un grand nombre de dictons et de proverbes météorologiques :

"A la toussaint, commence l'été de la St Martin"
" L'été de la St Martin dure trois jours et un brin"
" A la St Martin, l'hiver est en chemin, manchons aux bras et gants aux mains"
" Si à la St Martin il fait sec et froid, l'hiver sera doux " etc...
Ou liés à l'élevage du vin :
" A la St Martin bonhomme, bondonne (ou bonde) ton vin"
" A la St Martin, on goûte tous les vins "
" A la St Martin tire ton vin, et laisse l'eau au moulin"
" A la St Martin, le moût passe pour vin"
" A la St Martin, faut goûter le vin" etc...

St Martin n'est plus sur le calendrier ! Chassée du calendrier par la guerre de 14-18, sa fête a été remplacée par la commémoration de l'Armistice du 11 novembre. Autrefois la fête de St Martin, comme le 11 novembre était déjà chômée et fériée.

A cette date l'on renouvelait les baux ruraux et les fermages. Ce jour les ouvriers agricoles s'engageaient pour les travaux d'hiver : la louée pour les " huit mouais", de la St Martin (11 novembre) à la St Jean (24 juin). Ces louées se déroulaient à l'occasion de foires le jour ou le lendemain de la fête de la St Martin. Léré avait à cette date une importante foire ou le chanvre cultivé dans le Val de Loire donnait lieu à de nombreuses transactions.

C'est à la St. Martin que l'on effaçait les ardoises chez les artisans ruraux dont l'activité était liée à celle des paysans : bourreliers, charrons, forgerons, maréchaux, etc... Que l'on rabotait "les coches" chez le boulanger.

La fête de la St Martin était aussi le moment où l'on tuait le cochon élevé pour la consommation personnelle dans la plupart des foyers ruraux (Comme l'atteste le calendrier, portail de la collégiale SAINT-URSIN (M.H. en 1840), rue du 95e de Ligne, à BOURGES un tympan sculpté fin XIe, signé Girauldus, iconographie entièrement profane, voir l'illustration de la représentation du mois de novembre ). Une partie du porc était consommée fraîche, on confectionnait le boudin, la charcuterie.

Pour l'hiver on stérilisait les bocaux, on mettait à sécher saucisses et jambons, l'on salait une grande partie du cochon dans de grands pots provenant du village de potier de La Borne (18 Henrichemont).

suite page 107

Les petits trucs Beauté

**La brillances des cheveux bruns :**

*Faites bouillir 15 noix entières dans 30 cl d'eau minérale. Laissez refroidir avant usage. Utilisez cette préparation en eau de rinçage.*

# La recette de Grand-Mère

## Gâteau au potiron

Pour 4 personnes

**1/4 de potiron • 4 œufs • 150 g de sucre en poudre**
**12 morceaux de sucre • 80 g de fécule de maïs**
**1 paquet de sucre vanillé • 1 poignée de raisins secs**

Faire cuire pendant 2 minutes la pulpe de potiron coupée en morceaux dans de l'eau bouillante salée, puis la mettre à égoutter dans une passoire.
Une fois bien égouttée, la passer à la moulinette et réserver.
Faire un caramel avec les morceaux de sucre et un peu d'eau et en garnir un moule à flan.
Battre les œufs en omelette. Ajouter le sucre en poudre et vanillé, la fécule, les raisins secs et la pulpe de potiron.
Verser dans le moule et faire cuire au bain marie à 200° pendant 45 minutes.
Servir tiède.

Ces travaux mobilisaient toute la cellule familiale et parfois les voisins et amis. Ce sacrifice traditionnel du porc, suivant un rite bien établi était le prétexte à une fête conviviale concluant cette longue journée de labeur. Pasteur, le congélateur, le super marché ont changé notre manière de nous nourrir. Nos palais y ont-ils gagné ? Certainement pas la qualité de nos relations humaines.

Dans le vignoble, à la St Martin, le vin était " martiné", c'est à dire " jugé". Les premières fermentations étant terminées, on "bondonnait" les fûts, tout en veillant à leur remplissage. Martiner signifiait aussi "bien boire".Au bon vieux temps, l'ivresse était appelée "morbus Sancti Martini".

Si cette tradition perdure dans une grande partie de l'Europe, en France on ne martine plus le vin le 11 novembre…Mais en France "À la Saint-Martin, la châtaigne et le vin nouveau " c'est fini. Le législateur a décidé que pour les vins nouveaux ou primeurs à appellation d'origine contrôlée (AOC), la mise en vente ou l'offre au consommateur final est autorisée à partir du 3e jeudi de novembre, soit cette année le 17 novembre 2011 à 0 heure ! ■

P.B

Le saviez-vous ?

## Le gabelou épinglé…

*Dans les années 1760, l'impôt sur le sel, encore appelé gabelle était l'occasion de fraudes nombreuses pour beaucoup de petites gens. Les agents de gabelle se livraient à toutes sortes d'exactions, aussi étaient-ils hais.*

*Un brigadier de gabelle n'avait pas hésité à menacer de son pistolet un notable toulousain. Mal lui en pris: arrêté par le guet, il fut condamné à faire amende honorable, nu, en chemise, la corde au cou, conduit par le bourreau devant la porte Saint Etienne, pour être banni pendant six ans."*

*C'est devant une grande affluence de population que la condamnation fut exécutée "au grand contentement de tout le monde".*

# Novembre 2013

Lundi **4** Novembre
St CHARLES

matin

après-midi

Mardi **5** Novembre
Ste SYLVIE

matin

après-midi

Mercredi **6** Novembre
Ste BERTILLE

matin

après-midi

Jeudi **7** Novembre
Ste CARINE

matin

après-midi

Vendredi **8** Novembre
St GEOFFROY

matin

après-midi

Samedi **9** Novembre
St THÉODORE

matin

après-midi

Dimanche **10** Novembre
St LÉON

matin

après-midi

Lundi 11 Novembre
ARMISTICE 1918

matin

après-midi

Mardi 12 Novembre
St CHRISTIAN

matin

après-midi

Mercredi 13 Novembre
St BRICE

matin

après-midi

Jeudi 14 Novembre
St SIDOINE

matin

après-midi

Vendredi 15 Novembre
St ALBERT

matin

après-midi

Samedi 16 Novembre
Ste MARGUERITE

matin

après-midi

Dimanche 17 Novembre
Ste ELISABETH

matin

après-midi

# Center Parcs : Domaine des Hauts de Bruyères

A Chaumont-sur-Tharonne, le village Center Parcs, le domaine des Hauts de Bruyères, est situé au coeur d'une forêt préservée de toute pollution. Il est paysagé dans les pins et genêts autour de 17 hectares de plans d'eau sont propices à la pêche de carpes, goujons, gardons... dans une forêt de 110 hectares.

Les cottages se situent en pleine verdure. Où vous pourrez respirer l'air frais dans la nature, faire un tour à vélo ou une grande promenade avec toute la famille.

A pied, à cheval, à vélo, sur terre, dans les airs ou dans l'eau, tous les moyens sont bons pour vous faire bouger, respirer et… vibrer ! Détendez-vous, seul ou à plusieurs : tennis, fun bike, tir à l'arc, équitation, escalade, trekking en forêt, canoe, quad… il y en a pour tous les goûts et tous les âges.

Sous un vaste Dôme transparent, où règne une ambiance tropicale grâce à une température de 29°C toute l'année, l'espace aquatique offre sur 4 500 m² un espace de jeux d'eau, des toboggans, une Rivière Sauvage. Autant d'éléments qui font de ce décor naturel de rochers et de plantes tropicales un espace de loisirs unique en Europe.

L'Espace Sauna-Hammam est un lieu de détente et de remise en forme, dans un décor de bois, de pierre, d'eau et de lumière.L'Aqua Sana est un centre de soins qui associe les bienfaits de la balnéothérapie marine aux techniques les plus avancées de relaxation et de beauté.

Les activités intérieures sont ouvertes tous les jours, quels que soient les caprices de la météo: stretching, aquagym, gym tonic…

Vous pourrez découvrir une exclusivité Center Parcs en Sologne, l'Experience Factory. 4500 m² d'animations et de jeux inédits pour petits et grands : bowling, billard, jeux vidéos, tennis, squash, badminton ou bien encore mini golf dans une ambiance de fête jusque tard dans la soirée. ■

**Renseignements au 0810 800 600**
**intrenet: www.centerparcs.com**

## Les petits trucs Beauté

### Pour éviter les crevasses aux mains :

*Voici une préparation qui vous aidera à retrouver des mains douces : dans un bol, mélangez deux cuillerées à soupe d'huile d'olive et deux cuillerées d'argile en poudre. Ajoutez une cuillerée d'eau. Mélangez et appliquez cette pâte sur les crevasses. Laissez reposer pendant environ une demi-heure puis rincez à l'eau. Appliquez une fois par semaine.*

La recette de Grand-Mère

# Soupe paysanne au jarret de porc

Pour 4 personnes

1 jarret • 1 botte de blanc de poireaux • 3 à 4 carottes
1 navet • 1 petit cœur de chou
1 oignon piqué de 2 clous de girofle • 4 ou 5 gousses d'ail
1 branche de céleri • Quelques pommes de terre
1 bouquet de thym et de laurier • Sel, poivre • 1 feuille de sauge

La sauge, du latin salvia (guérir), plante sacrée chez les grecs, était connue pour ses vertues digestives et les anciens l'utilisaient beaucoup dans les préparations à base de porc.

Dans un grand pot à bouillon, mettre de l'eau, porter à ébullition, plonger le jarret, laisser bouillir quelques minutes, sortir le jarret et jeter l'eau.

A nouveau, dans le pot, mettre de l'eau, avec sel, poivre, bouquet garni, oignon, ail, sauge, faire bouillir 1 ou 2 minutes. Plonger le jarret, ajouter le navet coupé en 4, la botte de poireaux, les carottes entières, le chou, 1/2 heure plus tard le céleri, puis les pommes de terre. Le tout doit bouillir 2 heures à petit bouillon.

Dans le même grand plat, servir les légumes égouttés, le jarret découpé, l'os pour Honoré (le chien de la maison) et bien entendu, moutarde et cornichons seront de la fête.

Le saviez-vous ?

## Le deuil

*Lors de la procession vers le cimetière, les chevaux ou les bœufs étaient guidés avec douceur, s'ils venaient à s'arrêter d'eux-mêmes, c'est que le mort avait besoin d'une prière. Tout le cortège s'agenouillait et priait jusqu'à ce que l'attelage redémarre.*

*La coutume voulait que pendant l'Office, une personne apporte du vin et du pain que l'on partageait avec toute l'assemblée.*

*Il était interdit de procéder à un enterrement après le coucher du soleil sous peine de voir un autre décès dans la commune dans les jours qui suivaient. Si la terre ôtée pour enfouir le corps ne suffisait pas à le recouvrir, on était persuadé d'avoir enterré un avare, croyance attestée par le proverbe: "Il ne se trouvera jamais assez de terre pour lui couvrir les yeux".*

*Le banquet qui suivait la cérémonie pouvait être très gai, on y mangeait, buvait, discutait des vertus, de la vie du défunt.*

*Sans la cérémonie des funérailles et de tout ce qui s'y rattache, point de paix éternel, point de paradis. Un mort sans prière, sans vœux, sans rituel voyait son âme condamnée à errer perpétuellement.*

*On les appelait "les âmes en peine".*

# Novembre 2013

Lundi 18 Novembre
Ste AUDE

matin

après-midi

Mardi 19 Novembre
St TANGUY

matin

après-midi

Mercredi 20 Novembre
St EDMOND

matin

après-midi

Jeudi 21 Novembre
Prés. Marie

matin

après-midi

Vendredi 22 Novembre
Ste CÉCILE

matin

après-midi

Samedi 23 Novembre
St CHRIST Roi

matin

après-midi

Dimanche 24 Novembre
Ste FLORA

matin

après-midi

## Novembre 2013

**Lundi 25 Novembre** Ste CATHERINE L.

matin

après-midi

**Mardi 26 Novembre** Ste DELPHINE

matin

après-midi

**Mercredi 27 Novembre** St SÉVERIN

matin

après-midi

**Jeudi 28 Novembre** St JACQUES de la M.

matin

après-midi

**Vendredi 29 Novembre** St SATURNIN

matin

après-midi

**Samedi 30 Novembre** Avent

matin

après-midi

Notes

# Esprits, citrouilles, sorcières…

All hallow's day, la fête de tous les saints, placée le 1er novembre dans les pays anglo-saxons aussi bien qu'en France. La veille de ce jour, est "All hallow's Eve", qui devint Halloween. Curieuse Halloween, mi-païenne mi-religieuse, héritière, selon certains, de la fête celtique de Samhain qui a la charnière d'octobre et de novembre, signait l'entrée dans le monde de l'hiver… Monde de l'hiver, monde de la nuit, monde des esprits… Des esprits que l'on chasse à grand renfort de tintamarre et de lumière : torche parfois, mais surtout lanternes faites d'une bougie plantée dans une citrouille ou une betterave évidée… Masques grimaçants, masques inquiétants, censés dérouter les puissances maléfiques.

La légende veut que la citrouille-lanterne soit celle de Jack, un Irlandais si avare que le Paradis le refusa et si farceur que l'Enfer n'en voulût pas davantage… C'est ainsi que Jack se vit condamné à errer avec sa lanterne. Au soir d'Halloween, sans doute croisera-t-il, dans les rues de Grande-Bretagne et plus encore des USA, des enfants déguisés en fantômes ou en sorcières. Ceux là quémandent des bonbons, si on les leur refuse, ils menacent de jeter des sorts… Halloween, temps des sorcières, temps des esprits, heure de tous les dangers…

La sorcière n'est pas une inconnue ni une étrangère. Au village, bien souvent, on ne se méfie pas d'elle… Jusqu'au jour où… Jusqu'au jour où la vérité éclate : c'est une sorcière. Épidémies, maladies des hommes et des troupeaux ? C'est elle ! Couples stériles, grossesses avortées ? C'est elle ! Pluies diluviennes, gelées ? C'est elle ! Voyageurs égarés dans la nuit ? C'est encore elle !

La sorcière, dans son acception occidentale tout au moins, à partie liée avec Satan. Elle lui cède son âme, il lui accorde, en retour, différents pouvoirs magiques… C'est dire qu'il n'est guère de méfaits dont la sorcière ne puisse être l'instigatrice.

suite page 111

Remède d'autrefois, déconseillé…

### Ver solitaire (magant vièr – tœnia)

*Manger un hareng fort salé, puis tenir la bouche largement ouverte au-dessus d'un bol de lait bouillant. La bête assoiffée sortira d'elle-même cherchant à se désaltérer. — Tenir la bouche ouverte au-dessus d'un pain blanc sortant du four et dont on a enlevé la mie. — Avaler un lacet amorcé avec un estomac de poule et se terminant par un nœud coulant. Si le ver se laisse prendre, tirer très lentement pour ne pas ,briser l'animal.*

…pour les malades d'aujourd'hui !

L'imaginaire, dès lors, aura tôt fait de s'emballer. Sorcière de Blanche-Neige, la pomme à la main, le nez crochu, les doigts griffus, les cheveux couleurs ficelle… Ce corps-là n'est plus tout à fait humain, il bascule dans l'animalité… Sorcière à la bicoque délabrée, trouvant refuge au fond des forêts en compagnie d'un bestiaire des moins engageants : chouettes, corbeaux, poules noires, chauve-souris, araignées, sans oublier les crapauds (les sorciers et sorcières n'en ont-ils pas un dans la poitrine en et place de cœur ?)… Sorcières aux fréquentations suspectes : n'a-t-elle pas commerce, dans le légendaire nordique surtout, avec le tout petit peuple des trolls, gnomes et autres korrigans… Sorcières aux emplois du temps bizarres : que signifient ces disparitions nocturnes ? Ces voyages à travers les cieux à califourchon sur un manche à balai ? Cette aptitude à devenir invisible tout simplement en s'enduisant d'un onguent magique ?… Scandaleuses sorcières, adeptes de terrifiants sabbats présidés par Satan lui même… Que de blasphèmes et de turpitudes !

Il faut que le scandale cesse. Il faut faire reculer Satan. L'église catholique va s'y employer avec zèle. L'empereur Charlemagne, en 805, entendait que les procès en sorcellerie gardent un minimum de convenances : "l'examen des sorciers, déclare-t-il, doit être modéré pour préserver leur vie". Louable souci, que n'aura pas, à quatre siècles de là, le pape Innocent II, qui n'hésite pas à approuver la torture physique.

Innocent VIII en 1486 incite aussi à la répression de la sorcellerie, fort liée selon lui à l'hérésie… Relents d'inquisition : les procès sont particulièrement nombreux aux XVI et XVIIème siècles : c'est qu'il s'agit de purifier la foi. Et pour cela, tous les moyens sont bons : "vous ne souffrirez pas les magiciens et vous les ferez mourir. Toute personne qui ira consulter les devins sera punie de mort" déclare le concile de Bourges en 1854.

D'où de très nombreux procès. Interrogatoires, recherches de preuves, en particulier celle du poids : on reconnaît la sorcière à la légèreté de son corps (qui lui permet de se déplacer dans les airs), on aura donc soin, lors du procès, de peser la prévenue dans une balance à deux plateaux (dans le second, symbole éloquent, une énorme bible ! On pourra aussi se référer au test de l'eau : la prévenue surnage-t-elle ? Elle est sorcière, il fait la tuer. Elle s'enfonce, elle ne l'est pas, on s'est trompé… dommage pour cette pauvre femme, maintenant noyée !

Mais la preuve peut aussi être celle de l'aveu. Et tant pis s'il faut, pour l'obtenir, faire ingurgiter à l'accusée jusqu'à 18 litres d'eau, ou lui faire glisser sous les ongles des pointes de fer rougi ! Quoi qu'il en soit, dans le procès en sorcellerie, il reviendra toujours, non aux juges de faire la preuve de la culpabilité du suspect, mais à celui-ci de prouver son innocence.

La sorcellerie solognote et berrichonne fut très présente: cocadrilles, m'neux de loups, birettes, poupées piquées d'aiguilles, réserves de simples hallucinogènes, tels l'ergot de seigle ou la jusquiame, stupéfiants telle la belladonne… ■

## Métier d'autrefois

**Les hommes étaient habillés d'une chemise de lin ou de chanvre et d'un gilet de couleur, d'un pantalon de gros drap de laine et d'une veste noire. Pour sortir ils mettaient sur leurs épaules la vaste cape de droguet uni ou rayé…**

# La famille Schneider et Rivaulde

Le domaine de Rivaulde à Salbris fut constitué à la fin du XIXe siècle par la famille Schneider. Contrairement à d'autres propriétaires fonciers de Sologne, les industriels du Creusot vont donner priorité à la forêt par rapport à la chasse ou à l'agriculture.

Ainsi pour mener à bien la gestion sylvicole de leurs 3 000 hectares, la famille Schneider emploie Joseph Petitfils en 1912 puis son descendant, Jean Petitfils en 1949. Pendant près d'un siècle, les deux hommes exploitent le domaine de Rivaulde et organisent la gestion sylvicole de la propriété.

Comment a évolué la forêt dans ce secteur de la Sologne ? En 1900, le domaine compte 1 200 hectares boisés. Douze exploitations agricoles étaient réparties sur l'ensemble du territoire. La moitié des fermes ont disparu à partir de la Première Guerre mondiale.

Le dernier agriculteur a quitté les lieux en 1994. Les 50 hectares non boisés du domaine sont aujourd'hui des cultures à gibier, des parfeux, des prairies…

« La forêt a occupé les terres abandonnées par l'agriculture. Ce n'est pas la forêt qui a chassé l'agriculture » selon l'expression de Monsieur Petitfils. Les terres délaissées se sont reboisées naturellement en bouleaux. Certaines parcelles ont été reboisées en pins.

« Par rapport à mon père, je pense que les méthodes culturales ont remarquablement évolué, estime Jean Petitfils. Le travail du sol notamment s'est considérablement amélioré. D'autre part, c'est vrai, la meilleure qualité des semis a profité à la sylviculture ».

L'exploitation des bois a elle aussi considérablement évolué.

« L'équipe de bûcherons employée à l'année sur le domaine de Rivaulde façonnait le bois au passe partout à la scie. La tronçonneuse fut une révolution ! »

« Voyez, j'ai même connu le débardage avec des chevaux. Monsieur Roux, de Salbris, fut l'un des derniers débardeurs à cheval de Sologne. Le tracteur, là aussi, ce fut une révolution. »

« Pas de Plan simple de Gestion autrefois. Mon père établissait un plan d'exploitation qui régissait les coupes en fonction de l'âge et du peuplement. »

Comme bon nombre de propriétaires solognots, Joseph Petitfils plante du pin maritime et du laricio de Corse. « J'ai tenté à Rivaulde des reboisements de chênes rouge et de châtaigniers explique le régisseur du domaine. Tous ces boisements ont disparu aujourd'hui à cause des cervidés.

« Jusqu'en 1960, le principal débouché des pins exploités à Rivaulde était le bois de mine, les poteaux téléphoniques, les traverses du chemin de fer et le bois d'œuvre. Actuellement, le bois se vend en quantité pour la trituration. »

« Autrefois, de petits métiers vivaient de la forêt. A Rivaulde, le balaitier de Salbris venait s'approvisionner en branches de bouleau. Le sabotier de Souesmes, Monsieur Gennevier, achetait des gros bouleaux pour y façonner ces fameuses galoches solognotes. A une époque aussi, comme dans les Landes, on tirait la résine des pins maritimes se souvient le régisseur, afin d'en extraire de l'essence de térébenthine. Cette production demeurait marginale car les pins maritimes solognots réclamaient plus de chaleur pour offrir de la résine de qualité. » ■

G.B

Carnet de notes de Papounet le jardinier

# Du jardin d'hier...

*Dans la marmite*

## Pommes de terre « Charlotte » et potimarron en gratin

800 g de pommes de terre « Charlotte »
800 g de potimarron • 200 g de Beaufort
100 g de beurre demi-sel • Sel, poivre, muscade râpée

***Éplucher et couper les légumes en gros dés. Cuire séparément à la vapeur environ 15 minutes. Râper la moitié du fromage de Beaufort et le restant en copeaux. Après la cuisson des légumes, écraser le potimarron à la fourchette, puis incorporer le fromage râpé. Ensuite écraser les pommes de terre en incorporant le beurre demi-sel. Assaisonner les deux purées, mettre deux couches de pommes de terre en intercalant une couche de potimarron. Parsemer de copeaux de fromage et enfourner dans un four chaud th 7 pour gratiner. Servir avec un gibier rôti.***

## La Pomme de terre

La pomme de terre préfère un climat doux et humide, associé un sol léger et profond, avec une fumure organique. La plantation se fait en lignes espacées de 60 cm dans des trous de 12 cm de profondeur tous les 30 cm. Poser les tubercules, les germes orientés vers le haut. Si l'on craint quelques gelées, couvrir avec un tunnel plastique. Mais le plus raisonnable est de faire la plantation quand le lilas fleurit au mois d'avril. Deux semaines après la levée, commencer le premier buttage sans abîmer les feuilles encore tendres. Quinze jours plus tard, faire le deuxième buttage. Il n'est pas nécessaire d'arroser plus de deux fois dans la saison avant et après la fleur sauf en cas de grande sécheresse et surtout pas sur les feuilles. 15 jours avant la date prévue de la récolte, lorsque le feuillage jaunit, couper les fanes et les mettre sur le tas de compost ou les brûler en cas de maladie.

## La Poire

Le plus souvent greffé sur du cognassier, le poirier se plante dans un sol léger et assez frais. Une exposition ensoleillée et abritée du vent lui convient parfaitement. Pour favoriser une bonne récolte il convient de faire une pollinisation croisée, c'est à dire la plantation de deux variétés différentes fleurissant en même temps, à moins qu'il y ait de nombreux poiriers dans son environnement (50 mètres alentour), qui suffiraient à faire la pollinisation du poirier. Attention, il est sensible à de nombreux parasites et maladies comme les chenilles, pucerons, tavelure, monilia, rouille, mouche des fruits. Pulvériser de la bouillie bordelaise tous les 15 jours en préventif.

***Un bon outil :***

### Le croc

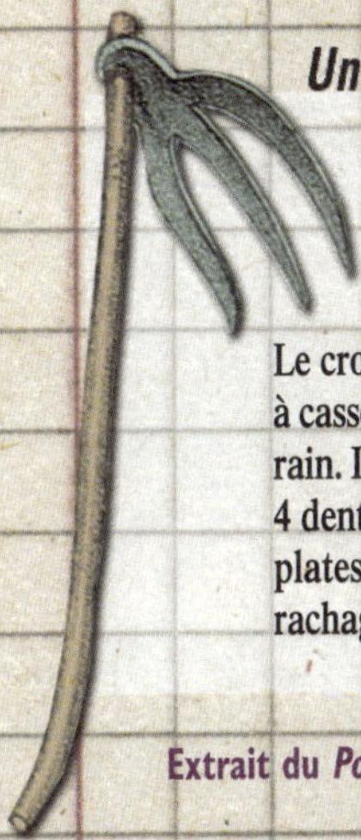

Le croc est un outil servant à arracher ou à casser les mottes tout en égalisant le terrain. Il y a plusieurs sortes de crocs, à 3 ou 4 dents, mais il y a aussi le croc à 2 dents plates ; cet outil sert surtout pour l'arrachage des pommes de terre.

**Extrait du *Potager à l'assiette* de Jean-Marc Gourbillon, aux éditions CPE**

Romorantin — La Halle aux Grains

# Photographies d'hier

112 — Romorantin - Rue de Beauvais

H. Dodu, éditeur

# Décembre

" J'ai souvent remarqué, pour ma part, que les cocus épousent de préférence les femmes adultères."

**Alphonse Allais**

Sagittaire

**Du 23 novembre au 21 décembre**

Capricorne

**2 décembre au 20 janvier**

Balade dans les rues de Romorantin

Proverbe

D'une mauvaise souche sort parfois un bon scion.

# 2013

## Première neige

Les premiers flocons ont fait leur apparition subrepticement autour de vous. Le vent les bouscule et les rejette comme des intrus. Mais ils se multiplient vite, de sorte que l'air a les pieds et les mains liés. Ils font une persienne de points entre vos yeux et le paysage. Vous n'avez plus qu'à leur abandonner le terrain. Ils ne sont pas exigeants : il leur suffit que vous ne les gêniez pas. Vous vous réfugiez sous un rocher ou vous rentrez sagement à la maison, et ils respectent le rocher et la maison. Ils vous les habillent seulement à leur façon. Rien ne trouve grâce à leurs yeux, il faut qu'ils effacent tout et le redessinent à leur manière, avec des arrondis. Ils bloquent les chemins et les demeures. Il leur faut toute la place. La nature de chez vous, peu habituée aux flocons, est patiente et les laisse faire un moment. Après quoi, elle se secoue et balaie la neige la plus récalcitrante dans les creux de l'ombre où il ne lui reste qu'à fondre doucement.

## Il est né

Les jours sont devenus crépusculaires et trop doux, envahis par une enfance en vitrine et trop sage. Le travailleur, pour reste vraisemblable, doit les allonger aux deux bouts. Le temps a de la retenue, et le soleil aussi, quand il est là. Les vignes restent désertes et les paysans s'enkystent sous les toits. La vie a reflué en ville, dans un cocon de guirlandes et de lumières, joli paquet de Noël pour Dieu sait qui. Même le sapin qui quitte sa forêt trop froide se domestique, comme un chat, et joue avec la famille. Il se laisse habiller de guirlandes par petits et grands, pour tenir son rôle dans la grande représentation de la Nativité. Heureusement que le petit Jésus, an après an, revient ouvrir la porte d'une saison nouvelle...

**P.V**

Conte d'Hier...

**Le Petit Chaperon rouge** (17-18)

Grand'mère que vous avez de grandes jambes !
C'est pour mieux courir mon enfant.
Grand'mère que vous avez de grandes oreilles !
C'est pour mieux écouter mon enfant.

Grand'mère que vous avez de grands yeux !
C'est pour mieux voir mon enfant !

(Suite page 121)

**Décembre 2013**

Notes

Dimanche 1er Décembre
Ste FLORENCE

matin

après-midi

# Bernard Lozé, financier (1946)

Bernard Lozé est un financier français, notamment président du Conseil international de la chasse et de la conservation du gibier. Il a épousé en 2006 Sofia Daouranova-Lozé, une ancienne danseuse étoile russe. Il est d'ailleurs très attaché à la Russie, sa mère russe l'ayant bercé des chants de son pays quand il est né juste après la Libération. En outre, il organise des chasses, paraît-il des plus soignées, dans son château de "Vieux Maison" à Ligny-le-Ribault. Il est connu pour être l'un des pionniers de la gestion alternative française. Après avoir participé à la création de la deuxième Sicav française, première des établissements Worms, à la fin des années 60, Bernard Lozé a travaillé dans l'industrie jusqu'en 1981. Il a alors rejoint les bureaux parisiens du broker américain EF Hutton et c'est là qu'il a l'idée de commercialiser des fonds performants plutôt que de vendre des idées sur les actions. Il monte alors en 1986 une structure qui promeut des gérants indépendants dans des secteurs différents de la gestion classigue. C'est ainsi qu'il se retrouve aujourd'hui au conseil d'administration d'une vingtaine de fonds alternatifs. Parallèlement, il lance un premier fonds de fonds en produits dérivés, bientôt suivi par un fonds multistratégie et multizone d'investissement. Son équipe se concentre alors sur le conseil de fonds alternatifs et le conseil à la gestion de fonds de fonds alternatifs. Une filiale est créée au Luxembourg en 1996. Alternative Leaders Luxembourg gère aujourd'hui 2 milliards de dollars. En mai 2004, Alternative Leaders France (ALF) est agréée par l'Autorité des marchés financiers, SGP multigestion et gestion alternative. ■

## Les petits trucs Beauté

**Un peeling très doux pour le visage :**

**Ingrédients :** Pâte à bicarbonate de soude (bicarbonate de soude mélangé à un peu d'eau tiède)
Un peu de crème pour le visage

*Mélanger la pâte de bicarbonate de soude avec un peu de crème pour le visage. Appliquer la pâte sur le visage en massant doucement. Bien rincer.*

# La recette de Grand-Mère

## Dinde surprise

1 belle dinde • 24 petits boudins blancs
2 kilos de pommes acides • 1 escalope de veau de 150 g
150 g de lard de poitrine • 2 échalotes • 1 œuf
2 petits suisses • ou deux cuillères à soupe de fromage blanc
1 cuillerée à soupe de vieux marc • 1 pointe d'ail
Persil • Sel et poivre

Pour 4 personnes

Vider la dinde et conserver le foie.
Préparer le farce.
Hacher l'escalope de veau, le lard de poitrine, le foie et les échalotes.
Mélanger à la mixture l'oeuf entier, les petits suisses, la pointe d'ail.
Saler, poivrer et mélanger le tout.
Farcir la dinde avec cette préparation et recoudre la volaille.
Mettre à cuire dans un four chaud (220°/thermostat 7) pendant 10 minutes, puis abaisser la température du four à 160° - 180°/ thermostat 5.
Compter 1/2 heure de cuisson par livre.
A mi-cuisson, verser un petit verre de marc et faire flamber la dinde.
Dégraisser et déglacer.
Présentation : peler, évider et mettre dans un plat allant au four 12 à 14 pommes enduites de beurre.
Enfourner ce plat 45 minutes avant la fin de la cuisson de la dinde.
10 minutes avant de servir, faire cuire les boudins blancs.
Disposer sur un plat la dinde entourée des boudins blancs et des pommes.

Le saviez-vous ?

## Pour des clous...

On peut dire qu'il existe autant de clous que de professions : clous pour les bâtiments, pour les bateaux, pour les menuisiers ou les cordonniers. Et la liste n'est pas close. Au début du XXe siècle les clous étaient fabriqués de manière artisanale par des artisans qualifiés. Qualifiés et robuste ! Car un clou à ferrer les chevaux exigeait vingt coups de marteau pour leur confection. Vingt ! Un bon ouvrier façonnait de dix à vingt clous par minute selon le modèle. Les artisans cloutiers payaient leurs ouvriers entre 5 et 10 francs suivant leur générosité.

Sachant qu'une journée de travail durait généralement dix heures, vous pouvez calculer le nombre de coups de marteau qui représentaient un salaire de quelques francs quotidiens.

# Décembre 2013

Lundi 2 Décembre
Ste VIVIANE

matin

après-midi

Mardi 3 Décembre
St XAVIER

matin

après-midi

Mercredi 4 Décembre
Ste BARBARA

matin

après-midi

Jeudi 5 Décembre
St GÉRALD

matin

après-midi

Vendredi 6 Décembre
St NICOLAS

matin

après-midi

Samedi 7 Décembre
St AMBROISE

matin

après-midi

Dimanche 8 Décembre
Im. Conception

matin

après-midi

Lundi 9 Décembre
St PIERRE FOURIER

matin

après-midi

Mardi 10 Décembre
St ROMARIC

matin

après-midi

Mercredi 11 Décembre
St DANIEL

matin

après-midi

Jeudi 12 Décembre
St JEAN. FR.-CH.

matin

après-midi

Vendredi 13 Décembre
Ste LUCIE

matin

après-midi

Samedi 14 Décembre
Ste ODILE

matin

après-midi

Dimanche 15 Décembre
Ste NINON

matin

après-midi

# Les alambics d'antan

On ne verra bientôt plus leur fumée s'élever en volutes sympathiques au-dessus des hangars en planches et en tôle qui les abritaient des intempéries. On ne sentira bientôt plus ces lourds effluves d'alcool qui les signalaient de loin aux narines les moins expertes... Car les derniers alambics s'arrêtent l'un après l'autre dans nos villages de France. Et certains vont parfois rejoindre, au rayon "nostalgie" d'un musée rural, la batteuse à vapeur ou le fléau d'autrefois, tous ces instruments de temps révolus...

C'est la loi scélérate du 30 septembre 1960, prise sous le gouvernement de Michel Debré qui a programmé cette mort lente des alambics et des bouilleurs de cru, mettant fin à une tolérance qui remontait à Napoléon. Voilà près de deux siècles, en effet, que l'Empereur avait accordé aux particuliers, propriétaires de vignes ou d'arbres fruitiers, le droit de distiller vingt litres d'alcool pour leur propre compte sans acquitter la moindre taxe. Un privilège qui se transmettait de génération en génération et qu'aucun homme politique n'avait osé remettre en cause... jusqu'à cette funeste décision de 1960 qui prévoyait que les derniers bouilleurs de cru n'auraient pas de descendants et que leur privilège s'éteindrait avec eux !

Des protestations véhémentes eurent beau s'élever, des pétitions circuler, le jacquerie couvait dans les campagnes, le législateur, buté, ne céda pas. Et pourtant, savait-il vraiment ce qu'il faisait ce prétendu représentant du peuple ? Savait-il que cette "goutte", cette "gnôle" comme on disait ici, était un produit aux multiples vertus ? Un remontant incomparable pour le corps et pour le coeur ; une arme efficace contre la grippe prise dans un grog bien chaud ; un désinfectant toujours sous la main pour soigner les plaies des hommes et des bêtes... ou encore un ingrédient indispensable pour préparer des cerises ou des prunes à l'eau-de-vie ?

Ils avaient pourtant fière allure ces alambics avec leur trogne en cuivre rouge, rebondie et reluisante. Certains appartenaient à des artisans indépendants, mais beaucoup avaient été achetés par des coopératives de distillerie.

Dans son antre, le faiseur de gnôle, le "gnô-

suite page 119

Les petits trucs Beauté

**Un nettoyant pour les mains :**

*Appliquer sur vos mains de la pâte de bicarbonate de soude, obtenue en mélangeant un peu de bicarbonate de soude avec de l'eau tiède. Si vous avez coupé de l'ail ou de l'oignon, cette solution est idéale car le bicarbonate élimine les odeurs persistantes.*

## La recette de Grand-Mère

# Galette des rois

**Pour 4 personnes**

400 g de pâte feuilletée • 1 œuf
50 g de raisins secs • Un petit verre de calvados
6 pommes reinettes • 50 g de beurre • 75 g de sucre
Une fève

Étendez la pâte feuilletée au rouleau. Découpez 2 abaisses rondes et identiques, en vous aidant d'une assiette ou d'un moule rond pour les découper.
Déposez-les sur la plaque du four mouillée.
Badigeonnez l'une des abaisses de pâte à l'œuf battu.
Dessinez des croisillons ensuite, à la pointe du couteau. Faites cuire les deux abaisses de pâte à four chaud pendant 20 min. Laissez refroidir.
D'autre part, faites gonfler les raisins dans le calvados.
Pelez les pommes, coupez-les en quartiers, faites-les dorer dans le beurre, saupoudrez du sucre et laissez cuire doucement jusqu'à ce que les pommes caramélisent légèrement. Ajoutez les raisins, le calvados et la fève.
Laissez refroidir.
Recouvrez une abaisse de pâte de cette préparation (celle qui n'a pas été dorée à l'œuf). Posez l'autre pardessus.
Le calvados peut être supprimé et remplacé par un parfum de vanille en poudre ou de cannelle.

lier", officiait, prenant un peu des airs d'alchimiste, de magicien. Il fallait, en effet, beaucoup de savoir-faire et pas mal de flair pour chauffer correctement la machine... Mais quel plaisir et quelle fierté de voir couler au bec de l'alambic le précieux nectar, l'eau-de-vie dorée et fumante. Quel régal pour les yeux, mais aussi pour le nez... et, bien sûr, pour les papilles ! Car il fallait goûter, histoire de vérifier la qualité du travail !

La campagne de distillation, limitée aux mois d'hiver, commençait par l'ouverture officielle, par un agent des "Indirects", des scellés qui fermaient l'alambic. Car aucune activité n'était autant surveillée que celle des bouilleurs de cru. Une réglementation tatillonne tournant à la persécution... Ainsi, le gnôlier devait-il scrupuleusement noter sur un registre le nom de ses clients, les quantités de marc déposées, les dates, les heures, la quantité d'eau-de-vie obtenue... Quant au client, il ne pouvait circuler sans un laissez-passer indiquant avec précision le moyen de transport utilisé, l'itinéraire suivi, la distance à parcourir, l'heure du départ, celle d'arrivée...

Les contrôles à l'improviste faits par les "rats de cave", de sinistre renommée, étaient la hantise des gnôliers. Ces inspecteurs détestés mettaient leur nez partout, sous prétexte de dénicher la bonbonne illicite ou la bouteille de goutte non déclarée !

Aujourd'hui, l'alambic et son gnôlier appartiennent presque au passé. Les derniers privilégiés étant de plus en plus âgés.

Et maintenant, au lieu de boire le produit de son terroir, le vigneron nouveau se voit contraint d'acheter des alcools "exotiques", beaucoup plus chers et à la qualité parfois douteuse ! ■

## Décembre 2013

Lundi 16 Décembre
Ste ALICE

matin

après-midi

Mardi 17 Décembre
St GAËL

matin

après-midi

Mercredi 18 Décembre
St GATIEN

matin

après-midi

Jeudi 19 Décembre
St URBAIN

matin

après-midi

Vendredi 20 Décembre
St ABRAHAM

matin

après-midi

Samedi 21 Décembre
St PIERRE C.

matin

après-midi

Dimanche 22 Décembre
HIVER

matin

après-midi

Lundi **23** Décembre
St ARMAND

matin

après-midi

Mardi **24** Décembre
St ADÈLE

matin

après-midi

Mercredi **25** Décembre
NOËL

matin

après-midi

Jeudi **26** Décembre
St ÉTIENNE

matin

après-midi

Vendredi **27** Décembre
St JEAN

matin

après-midi

Samedi **28** Décembre
StS INNOCENTS

matin

après-midi

Dimanche **29** Décembre
St DAVID

matin

après-midi

# Les moyens de communication

La libre circulation , la presque abolition du temps de déplacement sont les grandes victoires du XXème siècle. Désormais la France peut se traverser par route, par rail ou par air en quelques heures.

L'évolution des moyens de locomotion fut pourtant lente. Nos ancêtres voyageurs se déplaçaient, à pieds, et en groupe: pèlerins ou ouvriers effectuant leur tour de France. On les appelait d'ailleurs des "cheminots" ou des "poudreux", se référant aux chemins ou à la poussière de ceux-ci s'attachant aux bottes ou aux souliers. Longtemps le cheval fut réservé aux riches. En acheter était un luxe. Le voyage représentait alors une véritable aventure.

Qu'ils devaient être pénibles ces longs déplacements en diligence et autres carrioles où s'entassaient les voyageurs, voyageuses dans une promiscuité insupportable, par des chemins défoncés, en plein courant d'air et dans un fracas indescriptible. Les arrêts étaient donc très fréquents et faisaient le bonheur des auberges et des relais de poste, très modernes et admirablement organisés. On y trouvait bien évidemment des chambres, de quoi se restaurer mais aussi des écuries, un maréchal-ferrant, des chevaux de rechange, etc...

Un exemple parmi d'autre, au XVIIIème siècle, le voyage Paris-Lyon demandait de cinq à six jours, soit une moyenne de vingt lieues par jour (90 km). Le ministre des finances de l'époque, Turgot, décida alors d'améliorer les conditions du voyage en France, entre autres avec le perfectionnement des voitures. Résultat, le temps nécessaire

suite page 122

Remède d'autrefois, déconseillé...

## Ballonnement

**(inflètje dè vinte — inflatio ventris)**

*Pour éviter le ballonnement, ne jamais manger ni flageolets, ni oignons, ni petits pois. — Pour expulser le vent intérieur exposer son derrière au vent qui souffle.*

...pour les malades d'aujourd'hui !

La recette de Grand-Mère

# Maronnettes de Noël

Pour 4 personnes

**1 kg de châtaignes • 3 cuillerées à soupe de sucre glace**
**3 cuillerées à soupe de crème fraîche • 1 cuillerée à soupe de lait**
**1 cuillerée à soupe de rhum • 125 g de beurre**
**250 g de chocolat noir**

Faire cuire les châtaignes à la vapeur et les éplucher.
Dans un mixeur, mélanger ces châtaignes avec la crème fraîche, 2 cuillerées de sucre glace, le rhum et le lait.
Dans un plat, donner à cette préparation la forme d'une bûche et mettre le tout au réfrigérateur pendant trois heures.
Faire fondre au bain-marie le chocolat et le beurre.
Ajouter une cuillerée de sucre glace.
Recouvrir la préparation avec le chocolat fondu.
Décorer avec de la pâte d'amande découpée en forme de feuilles de houx.
Remettre cette maronnette de Noël au réfrigérateur jusqu'au moment de la servir.
Ce dessert peut être accompagné d'une crème anglaise.

Le saviez-vous ?

## Marcel Beaulieu (1908 - 1985), caméras célèbres

*Marcel Beaulieu est de ces personnages qui, par leur génie créatif et commercial, ont permis de faire progresser les technologies et d'avancer vers de nouveaux horizons. Ingénieur en mécanique, il s'est illustré dans le cinéma en faisant le lien entre le cinématographe des frères Lumière et la vidéo des années 70.*

*Il y eut les caméras super 8, les 16, 9,5 et 8 mm qui firent le bonheur des amateurs et des professionnels.*

*Marcel Beaulieu débute sa carrière au service des firmes Pathé et Gaumont où il fait ses armes. Il donnera son nom à une marque de caméras qui restera longtemps reconnue pour être de très belle qualité. De 1938 à 1950, il conçoit des caméras de différents formats sous les marques GIC et ETM. Et c'est en 1951 qu'il crée sa propre entreprise à Champigny-sur-Marne. La première caméra 16 mm Beaulieu s'appelle la M16. Le succès est au rendez-vous et l'entreprise grandit vite, jusqu'à compter 250 salariés. En 1959, l'usine déménage pour s'installer à Romorantin. Six ans plus tard, le génie de Marcel Beaulieu donne naissance à la 2008S à visée reflex qui fut longtemps considérée comme l'une des meilleures caméras amateur Super 8. En France, Beaulieu est le partenaire privilégié de l'ORTF et du cinéma avec Claude Lelouche pour ambassadeur.*

*Mais dans les années 75, l'arrivée de la vidéo, et plus tard du numérique, fait de l'ombre au Super 8, les pellicules manquent de lumière. Marcel Beaulieu tente une réorganisation, mais la brèche est trop grande. L'entreprise se réoriente et quitte Romorantin. La dernière caméra Beaulieu est fabriquée en 2002.*

Lundi **30** Décembre
St ROGER

matin

après-midi

Mardi **31** Décembre
St SYLVESTRE

matin

après-midi

Notes

Conte d'Hier...

### Le Petit Chaperon rouge (19-20)

Grand'mère que vous avez de grandes dents ! C'est pour te manger !

En disant ces mots, le méchant loup se jeta sur le petit Chaperon rouge et le mangea. **(fin)**

pour joindre Paris à Bordeaux fut divisé par deux, de dix à cinq jours. Au milieu du XIXème siècle ces moyennes seront pulvérisées avec les diligences. C'est à cette époque que les rues vont se remplir de fiacres, de landaus, d'omnibus.

Le chemin de fer, qui s'attira tant d'ennemis à ses débuts, Monsieur Arago, célèbre savant, promettait catarrhes et fluxions de poitrine à chaque traversée de tunnel, finira ensuite par l'emporter.

À cette époque, le réseau des grandes routes n'était encore qu'un misérable squelette et les premières voies de chemin de fer ne reliaient que de grandes métropoles régionales à la capitale.

La première ligne de chemin de fer transportant des voyageurs entra en service en 1825. La France se lança à son tour dans cette grande révolution technologique. Dès 1833, le Parlement vota une loi prévoyant un grand programme de construction de voies ferrées. Les études et les discussions furent très longues et souvent très âpres. Les rivalités entre les villes et les régions furent très vives. La ligne Paris-Bordeaux, par exemple, sera envisagée en 1824, sa première mise en service ne se fera qu'en 1846. Sachant que les travaux la concernant ne prirent qu'un peu plus de trois ans.

La fin du XIXème et le début du XXème siècles vont voir les départements français se doter d'un important réseau de tramways à vapeur reliant les villages et les campagnes aux grandes lignes déjà existantes. Ce sera alors une floraison de lignes de chemin de fer et de tramways à vapeur et électriques, -entre 1900 et 1915, la longueur totale des lignes d'intérêt local atteignit 22.664 kilomètres. En 1936, elle n'était plus que de 12.000 kilomètres et en 1964 de 1300 kilomètres-, donnant aux villes, aux villages traversés un essor non négligeable, avec la création d'activités nouvelles et permettant à leurs habitants de se déplacer plus facilement, donc de se rencontrer. Les alentours des gares et des haltes virent alors se construire des hôtels, restaurants et auberges au nom significatif: Hôtel de la Gare, Hôtel Terminus, Restaurant de l'Arrivée, etc.

La région n'échappera pas à cet engouement pour le chemin de fer. Surtout lorsqu'on sait que l'inventeur de la machine à vapeur s'appelait Denis Papin et qu'il était né à Chitenay, près de Blois. Une ère nouvelle s'ouvrait pour les Solognots, comme pour les autres Français. Des services omnibus reliaient "la" ville aux autres petites communes, ou à une autre grande ville.

Cette époque vit, sur ce sujet, des luttes homériques pour l'obtention d'une ligne, d'une gare. Les rivalités furent violentes entre Blois et Vendôme, entre Romorantin et Vierzon, entre Salbris et Romorantin. Suivant les choix retenus, protestations, manifestations, pétitions se succédèrent. Force est de constater, aujourd'hui, que la ville de Romorantin fut la plus mal lotie.

La première ligne ouverte dans la région fut celle de Paris à Orléans en 1843. Dans le prolongement jusqu'à Chateauroux, ce fut Vierzon qui l'emporta au détriment de Romorantin. La capitale de la Sologne ne put obtenir ne serait-ce qu'une petite compensation, la ligne reliant Vierzon à Tours suivit le Cher, la délaissant à nouveau. La Ferté-Saint-Aubin, Lamotte-Beuvron, Nouan-le-Fuzelier, Salbris lui doivent en partie leur développement.

Jusqu'au début de la Seconde Guerre mondiale les lignes à voies normales, à voies métriques, les trains, les tramways, à vapeur, électriques allaient tisser leur toile sur la Sologne: du Blanc à Argent sur Sauldre, avec le fameux BA, Blois-Romorantin-Villefranche, Orléans à Neug-sur-Beuvron, de Neung-sur-Beuvron à Romorantin, de Blois à Lamotte-Beuvron, des Montils à Selles-sur-Cher, de Blois à Saint-Aignan, de Montrichard à Blois, de Cléry-Saint-André à Chaumont-sur-Loire, d'Orléans à Brinon-sur-Sauldre.

**G.B**

180 ROMORANTIN. — La Gare — The station

Carnet de notes
de Papounet
le jardinier

# Du jardin d'hier...

*Dans la marmite*

## Crémeux de petits pois au cerfeuil

**1,5 kg de petits pois • 1 laitue**
**1 oignon • 1 bouquet garni**
**50 g de beurre • 30 cl de crème fraîche**
**1/2 baguette de croûtons**
**Sel, poirvre blanc.**

***Ecosser les petits pois, en réserver environ 100 g. Hacher l'oignon finement ainsi que la laitue. Faire fondre le beurre dans une casserole, y mettre tous les légumes ainsi que le cerfeuil. Ajouter 150 cl d'eau, assaisonner et laisser cuire 20 minutes sur feu doux.***
***Après vérification de la cuisson, mixer la préparation, puis la filtrer au tamis. Remettre sur le feu avec les 100 g de petits pois restant et laisser cuire 10 minutes. Ensuite crémer l'ensemble en laissant frémir quelques instants. Servir très chaud accompagné de croûtons de pain préalablement grillés au four.***

## Les Petits Pois

Ce légume apprécie les climats un peu tempérés, un sol frais et léger sans fumure fraîche. Éviter un terrain trop acide et trop calcaire. Avant de semer les grains de petits pois, les faire tremper dans l'eau pendant 24 heures pour faciliter la germination. Préparer le sol correctement en griffant pour éliminer le maximum de mottes. tracer les lignes de 4 cm de profondeur et distantes de 40 cm entre elles. Semer les grains tous les 1,5 cm environ, recouvrir légèrement et arroser avec une pomme très fine pour éviter de tasser le sol. Si l'on choisit des espèces grimpantes, il est préférable d'installer des rames après la levée avec des branchages de noisetier, ou un grillage à grosses mailles. Récolter au fur et à mesure de la maturation. Les arrosages doivent être fréquents, surtout en pleine floraison et au moment du développement des cosses, mais pas d'excès avant la floraison pour ne pas diminuer le rendement.

## Les Groseilles

Planter de préférence à l'automne, dans un emplacement abrité du vent, ensoleillé, orienté à l'est, voire légèrement ombragé.Le groseillier prospère dans presque tous les sols. Faire un trou de 0,40 m x 0,40 m, d'une profondeur d'environ 30 cm, bien ameublir le fond, mélanger la terre avec du compost bien décomposé. Après la mise en place du plant, combler avec ce mélange. Tasser légèrement, en formant une petite cuvette, pour les arrosages futurs qui devront être abondants lors de la première saison.

Attention aux pucerons et chenilles ainsi qu'à certaines maladies comme l'oïdium, la rouille et l'anthracnose. Traiter au soufre pour les maladies et au savon noir pour les pucerons.

***Un bon outil :***

### Le râteau

Dans les jardins, le rôle de la herse appartient au râteau, et son importance y est d'autant plus grande qu'il s'agit d'obtenir une pulvérisation et une régularisation plus parfaite du sol. Très utile pour ramasser les feuilles mortes et le ratissage des allées et des cours.

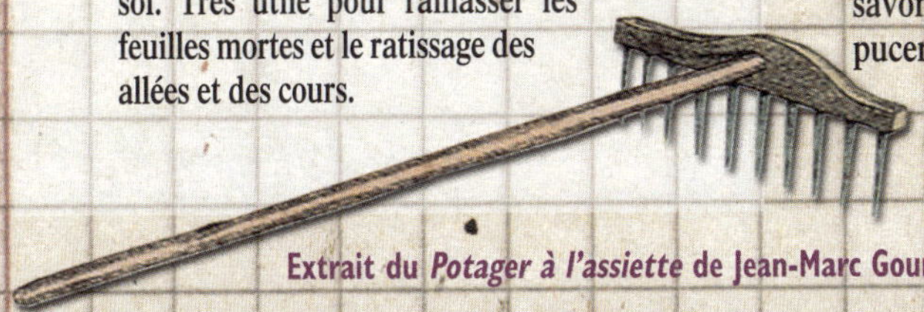

Extrait du *Potager à l'assiette* de Jean-Marc Gourbillon, aux éditions CPE

# Le Loir-et-Cher au XIXe siècle

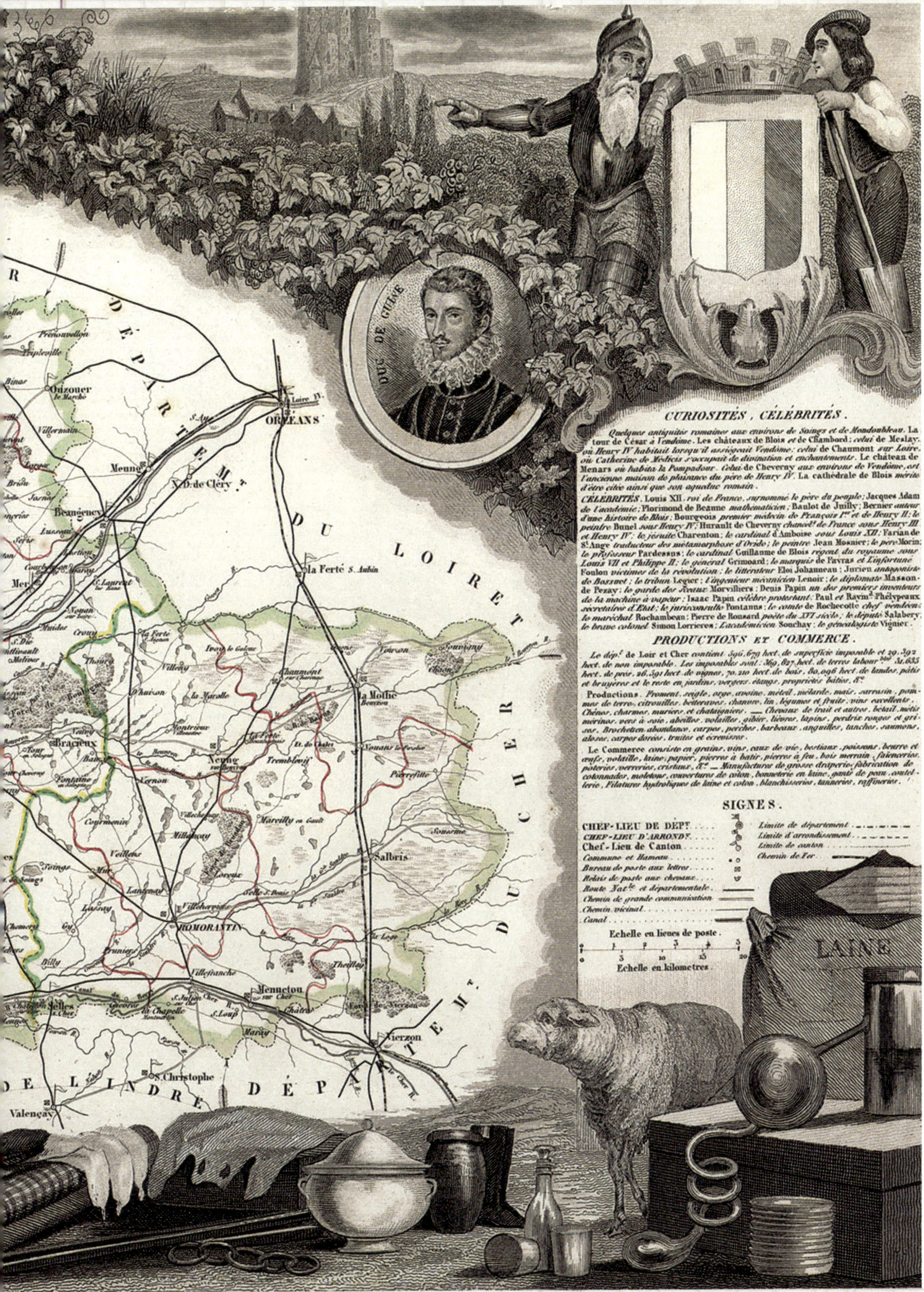
DUC DE GUISE
DÉPARTEMt DU LOIRET
DÉPARTEMt DU CHER
DE L'INDRE DÉPARTEMt
ORLÉANS
Beaugency
Meung
N.D. de Cléry
La Ferté S. Aubin
La Mothe Beuvron
Neung sur Beuvron
ROMORANTIN
Salbris
Vierzon
Mennetou sur Cher
Selles
S.t Christophe
Valençay
Marcilly en Gault
Bracieux
Chaumont sur Tharonne
Souvigny
Pierrefitte
Souesme
Villeherviers
Millançay
Lanthenay
Pruniers
Villefranche
Chatres
La Chapelle Montmartin
S.t Julien
S.t Loup
Maray
Theillay
Vernou
Veilleins
Soings
Lassay
Gy
Billy
Ouzouer le Marché
Mer
Crouy
Thoury
Villeny
Dhuison
Yvoy le Marron
Vouzon
Tremblevif
Nouans
La Ferté Imbault
Orçay
Selles S. Denis
Courmemin
Fontaine
Montrieux
LAINE
CURIOSITÉS, CÉLÉBRITÉS.
Quelques antiquités romaines aux environs de Soings et de Mondoubleau. La tour de César à Vendôme. Les châteaux de Blois et de Chambord; celui de Meslay, où Henry IV habitait lorsqu'il assiégeait Vendôme; celui de Chaumont sur Loire, où Catherine de Médicis s'occupait de divination et enchantements. Le château de Menars où habita la Pompadour. Celui de Cheverny aux environs de Vendôme, est l'ancienne maison de plaisance du père de Henry IV. La cathédrale de Blois mérite d'être citée ainsi que son aqueduc romain.
CÉLÉBRITÉS. Louis XII, roi de France, surnommé le père du peuple; Jacques Adam de l'académie; Florimond de Beaune mathématicien; Baulot de Juilly; Bernier auteur d'une histoire de Blois; Bourgeois premier médecin de François Ier et de Henry II; le peintre Bunel sous Henry IV; Hurault de Cheverny chancel.r de France sous Henry III et Henry IV; le jésuite Charenton; le cardinal d'Amboise sous Louis XII; Varian de S.t Ange traducteur des métamorphose d'Ovide; le peintre Jean Mosnier; le père Morin; le professeur Pardessus; le cardinal Guillaume de Blois régent du royaume sous Louis VII et Philippe II; le général Grimoard; le marquis de Favras et l'infortuné Foulon victimes de la révolution; le littérateur Eloi Johanneau; Jurieu antagoniste de Bossuet; le tribun Legier; l'ingénieur mécanicien Lenoir; le diplomate Masson-de Pezay; le garde des sceaux Morvilliers; Denis Papin un des premiers inventeurs de la machine à vapeur; Isaac Papin célèbre protestant; Paul et Raym.d Phélypeaux secrétaires d'État; le jurisconsulte Pontanus; le comte de Rochecotte chef vendéen; le maréchal Rochambeau; Pierre de Ronsard poète du XVI siècle; le député Salabery; le brave colonel Simon Lorrieres; l'académicien Souchay; le généalogiste Vignier.
PRODUCTIONS ET COMMERCE.
Le dép.t de Loir et Cher contient 596,679 hect. de superficie imposable et 29,392 hect. de non imposable. Les imposables sont: 369,827 hect. de terres labour.bles 31,635 hect. de prés, 26,591 hect. de vignes, 70,210 hect. de bois, 80,096 hect. de landes, pâtis et bruyères et le reste en jardins, vergers, étangs, propriétés bâties, &c.
Productions. Froment, seigle, orge, avoine, méteil, mélarde, maïs, sarrasin, pommes de terre, citrouilles, betteraves, chanvre, lin, légumes et fruits, vins excellents. Chênes, charmes, muriers, et chataigniers. — Chevaux de trait et autres, bétail, métis mérinos, vers à soie, abeilles, volailles, gibier, lièvres, lapins, perdrix rouges et grises. Brochets en abondance, carpes, perches, barbeaux, anguilles, tanches, saumons, aloses, carpes dorées, truites et écrevisses.
Le Commerce consiste en grains, vins, eaux de vie, bestiaux, poissons, beurre et œufs, volaille, laine, papier, pierres à batir, pierres à feu, bois merrain, faïenceries, pôteries, verreries, cristaux, &c. — Manufactures de grosse draperie, fabrication de cotonnades, moletons, couvertures de coton, bonneterie en laine, gants de peau, coutellerie. Filatures hydroliques de laine et coton, blanchisseries, tanneries, raffineries.
SIGNES.
CHEF-LIEU DE DÉP.T
CHEF-LIEU D'ARROND.T
Chef-Lieu de Canton
Commune et Hameau
Bureau de poste aux lettres
Relais de poste aux chevaux
Route Nat.le et départementale
Chemin de grande communication
Chemin vicinal
Canal
Limite de département
Limite d'arrondissement
Limite de canton
Chemin de Fer
Echelle en lieues de poste
Echelle en kilometres

Extraordinaire Herbier Floral de Paxthon

# *Passiflora kermesina*

## (Passiflore)

**Retrouvez une fleur différente dans chaque almanach des Terroirs de France**

La passiflore compte 530 espèces différentes dont la kermesina n'est qu'une des nombreuses variétés. Elle est le fruit d'un voyage, d'une découverte, d'un emprunt fait à nos voisins d'Outre-Atlantique puisqu'elle provient d'Amérique tropicale et plus particulièrement du Brésil et de Colombie. Ainsi, avant le XVIème siècle et les conquistadors espagnols, la passiflora kermesina était inconnue des Européens. Il semblerait que ce soit un botaniste espagnol, Nicolas Monardes, qui la baptisa « flos de passionis » (fleur de la passion). Elle évoquerait, en effet, de par sa forme, la couronne d'épines et le marteau de la crucifixion utilisés au cours de la Passion du Christ.

Cette liane sur laquelle reposent des fleurs que l'on dirait créées par un artisan-bijoutier tant elles sont raffinées et fourmillent de détails, prolifère dans les climats tempérés chauds et tropicaux. En France, c'est la passiflore bleue (Passiflora caerulea) qui est la plus répandue.

2014

| Janvier | Février | Mars | Avril | Mai | Juin |
|---|---|---|---|---|---|
| 1 M Jour de l'an | 1 S Ella | 1 S Aubin | 1 M Hugues | 1 J Fête du travail | 1 D Justin |
| 2 J Basile | 2 D Présentation | 2 D Ch.le Bon | 2 M Sandrine | 2 V Boris | 2 L Blandine 23 |
| 3 V Geneviève | 3 L Blaise 06 | 3 L Guénolé 10 | 3 J Richard | 3 S Phil.,Jacq. | 3 M Kévin |
| 4 S Odilon | 4 M Véronique | 4 M Casimir | 4 V Isidore | 4 D Sylvain | 4 M Clotilde |
| 5 D Edouard | 5 M Agathe | 5 M Olive | 5 S Irène | 5 L Judith 19 | 5 J Igor |
| 6 L Mélaine 02 | 6 J Gaston | 6 J Colette | 6 D Marcellin | 6 M Prudence | 6 V Norbert |
| 7 M Raymond | 7 V Eugènie | 7 V Félicité | 7 L J-B. de la Salle 15 | 7 M Gisèle | 7 S Gilbert |
| 8 M Lucien | 8 S Jacqueline | 8 S Jean de Dieu | 8 M Julie | 8 J Armistice 1945 | 8 D Médard |
| 9 J Alix | 9 D Apolline | 9 D Françoise | 9 M Gautier | 9 V Pacôme | 9 L Diane 24 |
| 10 V Guillaume | 10 L Arnaud 07 | 10 L Vivien 11 | 10 J Fulbert | 10 S Solange | 10 M Landry |
| 11 S Pauline | 11 M ND de Lourdes | 11 M Rosine | 11 V Stanislas | 11 D Estelle | 11 M Barnabé |
| 12 D Tatiana | 12 M Félix | 12 M Justine | 12 S Jules | 12 L Achille 20 | 12 J Guy |
| 13 L Yvette 03 | 13 J Béatrice | 13 J Rodrigue | 13 D Ida | 13 M Rolande | 13 V Antoine de P. |
| 14 M Nina | 14 V Valentin | 14 V Mathilde | 14 L Maxime 16 | 14 M Matthias | 14 S Elisée |
| 15 M Rémi | 15 S Claude | 15 S Louise | 15 M Paterne | 15 J Denise | 15 D Germaine |
| 16 J Marcel | 16 D Julienne | 16 D Bénédicte | 16 M Benoît-Joseph | 16 V Honoré | 16 L J. F. Régis 25 |
| 17 V Roseline | 17 L Alexis 08 | 17 L Patrice 12 | 17 J Anicet | 17 S Pascal | 17 M Hervé |
| 18 S Prisca | 18 M Bernadette | 18 M Cyrille | 18 V Parfait | 18 D Eric | 18 M Léonce |
| 19 D Marius | 19 M Gabin | 19 M Joseph | 19 S Emma | 19 L Yves 21 | 19 J Romuald |
| 20 L Sébastien 04 | 20 J Aimée | 20 J Printemps | 20 D Odette | 20 M Bernardin | 20 V Silvère |
| 21 M Agnès | 21 V Damien | 21 V Clémence | 21 L Anselme 17 | 21 M Constantin | 21 S Eté |
| 22 M Vincent | 22 S Isabelle | 22 S Léa | 22 M Alexandre | 22 J Emile | 22 D Alban |
| 23 J Barnard | 23 D Lazare | 23 D Victorien | 23 M Georges | 23 V Didier | 23 L Audrey 26 |
| 24 V Fr. de Sales | 24 L Modeste 09 | 24 L Cath. de Suède 13 | 24 J Fidèle | 24 S Donatien | 24 M Jean-Baptiste |
| 25 S Conv.de Paul | 25 M Roméo | 25 M Annonciation | 25 V Marc | 25 D Sophie | 25 M Prosper |
| 26 D Paule | 26 M Nestor | 26 M Larissa | 26 S Alida | 26 L Bérenger 22 | 26 J Anthelme |
| 27 L Angèle 05 | 27 J Honorine | 27 J Habib | 27 D Zita | 27 M Augustin1 | 27 V Fernand |
| 28 M Th. d'Aquin | 28 V Romain | 28 V Gontran | 28 L Valérie 18 | 28 M Germain | 28 S Irénée |
| 29 M Gildas | | 29 S Gwladys | 29 M Cath. de Sienne | 29 J Aymar | 29 D Pierre-Paul |
| 30 J Martine | | 30 D Amédée | 30 M Robert | 30 V Ferdinand | 30 L Martial 27 |
| 31 V Marcelle | | 31 L Benjamin 14 | | 31 S Visitation | |

| Juillet | Août | Septembre | Octobre | Novembre | Décembre |
|---|---|---|---|---|---|
| 1 M Thierry | 1 V Alphonse | 1 L Gilles 36 | 1 M Thé. de l'E. Jésu | 1 S Toussaint | 1 L Florence 49 |
| 2 M Martinien | 2 S Julien Eymard | 2 M Ingrid | 2 J Léger | 2 D Défunts | 2 M Viviane |
| 3 J Thomas | 3 D Lydie | 3 M Grégoire | 3 V Gérard | 3 L Hubert 45 | 3 M François Xavier |
| 4 V Florent | 4 L Jean-M. Vianney 32 | 4 J Rosalie | 4 S Fr. d'Assise | 4 M Charles | 4 J Barbara |
| 5 S Antoine | 5 M Abel | 5 V Raïssa | 5 D Fleur | 5 M Sylvie | 5 V Gérald |
| 6 D Mariette | 6 M Transfiguration | 6 S Bertrand | 6 L Bruno 41 | 6 J Bertille | 6 S Nicolas |
| 7 L Raoul 28 | 7 J Gaétan | 7 D Reine | 7 M Serge | 7 V Carine | 7 D Ambroise |
| 8 M Thibault | 8 V Dominique | 8 L Nativité 37 | 8 M Pélagie | 8 S Geoffroy | 8 L Imm. Conception 50 |
| 9 M Amandine | 9 S Amour | 9 M Alain | 9 J Denis | 9 D Théodore | 9 M Pierre Fourier |
| 10 J Ulrich | 10 D Laurent | 10 M Inès | 10 V Ghislain | 10 L Léon 46 | 10 M Romaric |
| 11 V Benoît | 11 L Claire 33 | 11 J Adelphe | 11 S Firmin | 11 M Armistice 1918 | 11 J Daniel |
| 12 S Olivier | 12 M Clarisse | 12 V Apollinaire | 12 D Wilfried | 12 M Christian | 12 V Jeanne F.C. |
| 13 D Henri et Joël | 13 M Hippolyte | 13 S Aimé | 13 L Géraud 42 | 13 J Brice | 13 S Lucie |
| 14 L Fête Nationale 29 | 14 J Evrard | 14 D Croix Glorieuse | 14 M Juste | 14 V Sidoine | 14 D Odile |
| 15 M Donald | 15 V Assomption | 15 L Roland 38 | 15 M Thérèse d'Avila | 15 S Albert | 15 L Ninon 51 |
| 16 M ND Mt Carmel | 16 S Armel | 16 M Edith | 16 J Edwige | 16 D Marguerite | 16 M Alice |
| 17 J Charlotte | 17 D Hyacinthe | 17 M Renaud | 17 V Baudoin | 17 L Elisabeth 47 | 17 M Gaël |
| 18 V Frédéric | 18 L Hélène 34 | 18 J Nadège | 18 S Luc | 18 M Aude | 18 J Gatien |
| 19 S Arsène | 19 M Jean Eudes | 19 V Emilie | 19 D René | 19 M Tanguy | 19 V Urbain |
| 20 D Marina | 20 M Bernard | 20 S Davy | 20 L Adeline 43 | 20 J Edmond | 20 S Théophile |
| 21 L Victor 30 | 21 J Christophe | 21 D Matthieu | 21 M Céline | 21 V Prés. de Marie | 21 D Hivers |
| 22 M Marie Madeleine | 22 V Fabrice | 22 L Maurice 39 | 22 M Elodie | 22 S Cécile | 22 L Françoise Xavièr 52 |
| 23 M Brigitte | 23 S Rose de Lima | 23 M Automne | 23 J Jean de Capistra | 23 D Clément | 23 M Armand |
| 24 J Christine | 24 D Barthélémy | 24 M Thècle | 24 V Florentin | 24 L Flora 48 | 24 M Adèle |
| 25 V Jacques | 25 L Louis 35 | 25 J Hermann | 25 S Crépin | 25 M Catherine | 25 J Noël |
| 26 S Anne,Joachim | 26 M Natacha | 26 V Côme et Damien | 26 D Dimitri | 26 M Delphine | 26 V Etienne |
| 27 D Nathalie | 27 M Monique | 27 S Vinc. de Paul | 27 L Emeline 44 | 27 J Sévrin | 27 S Jean |
| 28 L Samson 31 | 28 J Augustin | 28 D Venceslas | 28 M Jude | 28 V Jacq. de la M. | 28 D Innocents |
| 29 M Marthe | 29 V Sabine | 29 L Michel 40 | 29 M Narcisse | 29 S Saturnin | 29 L David 01 |
| 30 M Juliette | 30 S Fiacre | 30 M Jérôme | 30 J Bienvenue | 30 D André | 30 M Roger |
| 31 J Ignace de L. | 31 D Aristide | | 31 V Quentin | | 31 M Sylvestre |

2014

L'Almanach du Solognot 2013

Directeur de collection : Christophe MATHO
Rédacteur en chef : Gérard BARDON
Secrétaire de rédaction : Frédérique ROSE
Conseil Technique et Maquette : Alain OSSANT

Edition, réalisation : COMMUNICATION-PRESSE-EDITION
RCS B 398-382-416
BP 57 - 5, Allée de la Tuilerie - 41202 Romorantin Cedex
Téléphone : 02 54 83 41 41 - Fax : 02 54 83 41 43
e-mail : almanachs@cpe-editions.com - Site : www.cpe-editions.com

Imprimé en France - Imprimerie Clerc à Saint-Amand-Montrond - Septembre 2012
ISSN : 1297-2355
ISBN : 978-2-36572-067-0 - EAN : 9782365720670
Dépôt légal à parution

# Patois et chansons de nos Grands-Pères

***Mémoire du patrimoine oral... Langues régionales, patois, parlage, parler... chansons et monologues des terroirs de France.***

Quoi de mieux pour sauver nos vieux parlages, nos vieux parleurs, nos vieux patois... ceux de nos ancêtres, que de faire un ouvrage regroupant ces trésors du verbe proprement dit mais aussi la présentation des poètes et chansonniers patoisants et leurs oeuvres les plus connues. Nous ne pourrons bien entendu être exhaustifs tant la production de ces derniers fut importante et de qualité. Les traditions de nos terroirs se perdent et se diluent dans la mondialisation, les parlages, patois et autres langues régionales, les vieilles chansons aussi.
Sauvons un bout de notre patrimoine oral !

## Déjà en vente

Prix public : ~~18 €~~

**Prix maison !**
**17,10€**
l'exemplaire

PARLER D'OLÉRON
PARLER CHARENTOCIEN
CAUSEMENT DANS LE BAS MAINE
LANGUE BASQUE
LANGUE EN CHAMPAGNE
PATOIS POITOU
PATOIS RÉTAIS
VIEUX PARLER ET CHANSONS DE NOS GRANDS-PÈRES ARDENNAIS
PATOIS ET CHANSONS DE NOS GRANDS-PÈRES EN BERRY
LA LANGUE EN BASSE BRETAGNE
PATOIS ET CHANSONS DE NOS GRANDS-PÈRES DANS LES CHARENTES
PATOIS ET CHANSONS DE NOS GRANDS-PÈRES CH'TIS
PARLER ET CHANSONS DE NOS GRANDS-PÈRES EN GALLO
LANGUE ET CHANSONS EN PAYS DE GASCOGNE
LANGUES ET CHANSONS DE MON GRAND-PÈRE EN LIMOUSIN
LANGUES DE LORRAINE
PATOIS ET CHANSONS DE NOS GRANDS-PÈRES MARCHOIS
VIEUX PARLER ET CHANSONS DE GRANDS-PÈRES NANTAIS
LANGUE ET CHANSON DE NOS GRANDS-PÈRES EN NISSART
PATOIS ET CHANSONS DE NOS GRANDS-PÈRES DES TERROIRS DE L'ORLÉANAIS
PATOIS ARPITAN ET CHANSONS DE NOS GRANDS-PÈRES SAVOYARDS
VIEUX PARLAGES ET CHANSONS DE NOS GRANDS-PÈRES EN SOLOGNE
PATOIS ET CHANSONS DE NOS GRANDS-PÈRES EN VENDÉE
PATOIS ET CHANSONS DE NOS GRANDS-PÈRES EN BASSE-NORMANDIE, MANCHE, CALVADOS ET LES ÎLES

## A paraître fin octobre 2012

LANGUES DE LORRAINE *(TOME 2, LE PLATT)*
PATOIS ET CHANSONS DE NOS GRANDS-PÈRES EN ANJOU
PATOIS ET CHANSONS DE NOS GRANDS PÈRES EN BOURGOGNE

Ouvrage relié couverture intégrale quadri
Format : 16,8 x 23 cm
160 pages, impression 2 couleurs

# Livres de recettes

140 x 225
120 pages - Noir
Prix public : ~~12 €~~
**11,40€**

Messieurs aux fourneaux! Un petit guide pratique et bon enfant d'astuces et recettes faciles, pour alléger le quotidien de votre épouse, et tout simplement lui faire plaisir en vous amusant. Un petit guide de l'homme dans la cuisine, teinté d'humour (présentation des lieux, du matériel...), mais très utile aux hommes qui veulent rester mariés...

Toutes ces bonnes pâtisseries que nos grand-mères préparaient pour notre plus grand plaisir. Cette façon simple de faire qu'elles avaient, vous la retrouverez au fil des pages de ce livre. En espérant qu'il vous apporte la joie, le tour de main, et celui d'offrir ces si goûteux « desserts ». A s'en pourlécher les babines...

Format : 170 x 230 mm
144 pages - 1 couleur
Couverture cartonnée

Dans La philosophie du goût, Brillat-Savarin disait : « La gourmandise comprend aussi la friandise, qui n'est autre que la préférence appliquée aux mets légers, délicats, de peu de volume, aux confitures, aux pâtisseries, etc. C'est une modification introduite en faveur des femmes et des hommes qui leur ressemblent ».

Prix public : ~~18 €~~
**17,10€**

Souvenez-vous, les délicates effluves d'arômes sucrés qui embaumaient toute la maisonnée, les jolis petits pots colorés et bien identifiés qui s'alignaient sur les tablettes du garde-manger de la cave ou de la remise et surtout, le plaisir de déguster ces délicieux petits fruits sucrés à longueur d'année. Ça vous redonne le goût, le goût de l'enfance, celui des premiers plaisirs gourmands, non!

# Carnets de recettes faciles

Caractéristiques techniques
130 x 190 (française)
112 pages - 1 teinte

Prix public : ~~8 €~~ **7,60€**

## Déjà en vente

- •LES RECETTES D'AMICIE
- •LES DESSERTS •LA CUISINE AU VIN
- •LES POISSONS •TERRINES ET PÂTÉS
- •COQUILLAGES ET CRUSTACÉS
- •LES RECETTES À L'HUILE D'OLIVE

A paraître en octobre 2012

# Les recettes des terroirs de ma grand-mère

**Nouvelle formule**

Format : 168 x 230 mm
120 pages - 2 couleurs
Couverture souple

Prix public : ~~18 €~~ **Prix maison ! 17,10€** l'exemplaire

Format : 200 x 290 mm
128 pages - 2 couleurs
Couverture cartonnée

## Ancienne formule (même prix)

- •RECETTES ANGEVINES
- •RECETTES CHARENTAISES
- •RECETTES GERSOISES
- •RECETTES LANDAISES
- •RECETTES MAINIOTES
- •RECETTES NORMANDES
- •RECETTES PÉRIGOURDINES
- •RECETTES DU QUERCY
- •RECETTES CEVENOLES PROMO 8€

- •RECETTES ARDECHOISES ET DRÔMOISES
- •RECETTES ALSACIENNES
- •RECETTES ARDENNAISES
- •RECETTES ARIÉGEOISES
- •RECETTES AUVERGNATES
- •RECETTES AVEYRONNAISES
- •RECETTES BASQUES
- •RECETTES BEAUCERONNES
- •RECETTES BERRICHONNES
- •RECETTES BOURBONNAISES
- •RECETTES BOURGUIGNONNES
- •RECETTES BRETONNES
- •RECETTES CATALANES
- •RECETTES CHAMPENOISES
- •RECETTES CORSES
- •RECETTES FRANC COMTOISES
- •RECETTES LIMOUSINES
- •RECETTES LORRAINES
- •RECETTES LYONNAISES BEAUJOLAISES
- •RECETTES MORVANDELLES ET NIVERNAISES
- •RECETTES NIÇOISES
- •RECETTES DU NORD
- •RECETTES ORLÉANAISES
- •RECETTES PICARDES
- •RECETTES PIEDS NOIRS
- •RECETTES POITEVINES
- •RECETTES PROVENÇALES
- •RECETTES SAVOYARDES
- •RECETTES SOLOGNOTES
- •RECETTES TOULOUSAINES
- •RECETTES TOURANGELLES
- •RECETTES VENDÉENNES

A paraître en octobre 2012 :

- •RECETTES VOSGIENNES
- •RECETTES DU PAYS NANTAIS
- •RECETTES ITALIENNES
- •RECETTES BORDELAISES

www.cpe-editions.com

A paraître en octobre 2012

## Par trois fois la vigne saignera

*POLAR DE TERROIR*

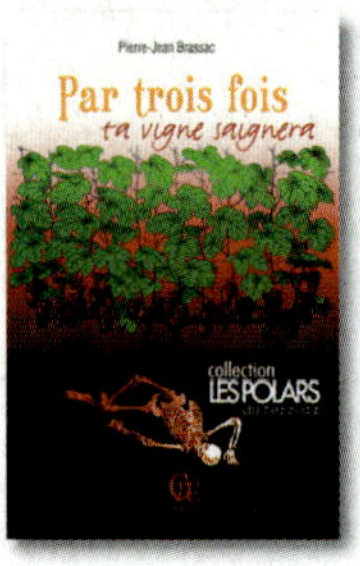


Qui est le meurtrier de Lindsay Payne-Lewis, cet Anglais fortuné, propriétaire du château viticole de Saint-Ravenel, au cœur des Corbières ?

Prix public : ~~19 €~~ **18,05€**

## Costumes et coiffes folkoriques des terroirs de france

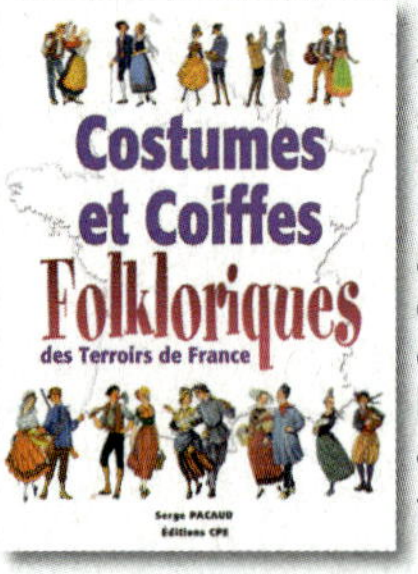


Les costumes de 43 terroirs détaillés des sabots à la coiffe. Serge Pacaud a collecté des iconographies originales à travers toutes les régions de France. Il nous détaille avec précision les anciens habits de nos arrières-grands-parents.

190 X 260 - 128 pages - Noir

Prix public : ~~23 €~~ **21,85€**

A paraître en octobre 2012

## Gusse François BARBEROUSSE

Le manuscrit oublié de François Barberousse. Ce troisième roman de François Barberousse aurait dû être publié en 1938-39 chez Gallimard. Il ne paraîtra pas. Gusse, le héros du roman, est soldat pendant la Grande Guerre. Pour autant, le roman ne peint en rien la guerre elle-même. Il décrit le désespoir d'un jeune homme qui constate que la communauté paysanne qu'il aimait se délite au fil des années de conflit.

140 X 225 - 144 pages - Noir

Prix public : ~~20 €~~ **19€**

A paraître en octobre 2012

## Contes de Noël

En attendant le passage du Père Noël, si nous écoutions quelques contes d'ici et de là, bien au chaud, à côté de la cheminée où grillent quelques châtaignes ? Histoire, petites histoires, croyances, contes, légendes... si Noël m'était conté...

170 X 230 - 160 pages - Noir

Prix public : ~~20 €~~ **19€**

## Le Loir-et-Cher en montgolfière

Le Trophée François 1er en montgolfière : C'est en 1991 qu'une poignée de pilotes avides de découvrir les châteaux de la Loire en montgolfière a créé le Trophée François 1er. Aujourd'hui, cette rencontre des plus sympathiques réunit des pilotes du monde entier durant 10 jours à la découverte du patrimoine et du terroir du Loir-et-Cher en ballon.

250 X 250
160 pages - Quadri

Prix public : ~~26 €~~ **24,70€**

## Le patois berrichon expliqué aux enfants

- Dis Grand-père c'est quoi une Birette... et puis pourquoi tu dis toujours des mots que y'a que toi qui les connaît ? C'est toi qui les invente tous ces mots ... hein ! - Non mon petit gars, ces mots là, c'est pas moi qui les invente. Ce sont les vieux mots de la campagne berrichonne, des mots que l'on utilisait chez moi quand j'avais ton age. Et oui mon bonhomme, moi, la première langue que j'ai parlé, c'était pas le français... c'était le patois berrichon. Un vieux langage que j'ai appris de mes parents et qu'eux-mêmes tenaient des leurs. Allez, viens, je vais t'expliquer...

210 X 210 - 36 pages - Quadri

Prix public : ~~10 €~~ **9,50€**

# Tradition orale : collection «les passeurs de mémoires»

Ce livre est sans doute l'une des œuvres principales du folklore Picard. À ne pas manquer pour tous ceux qui aiment leurs racines picardes.

170 X 230
160 pages - Noir

Prix public : ~~20 €~~ **19€**

Publié en 1898 sous le titre « La littérature orale de l'Auvergne », ce livre est sans doute l'une des oeuvres principales du folklore auvergnat.

Alsace, Anjou, Auvergne, Pays Basque, Bourgogne, Bresse, Bretagne, Champagne, Corse, Forez, Gascogne, Nivernais, Normandie, Picardie, Poitou, Provence, Quercy.... C'est en fait une sélection des plus beaux contes de terroirs publiés dans la Revue des traditions populaires.

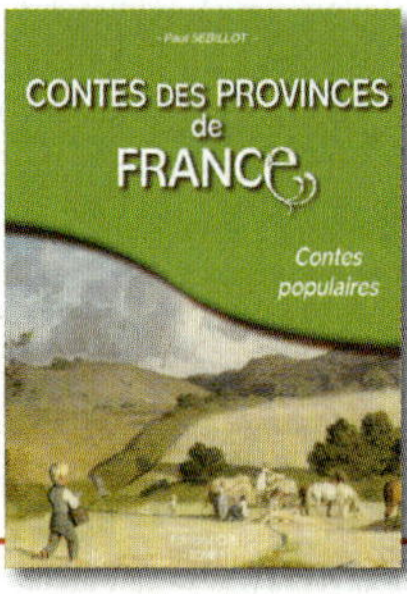

Ce livre est dédié aux airs et chansons du répertoire traditionnel de Franche-Comté. Chaque chanson est présentée avec sa partition et son texte original.

La chanson populaire, dans son sens traditionnel est celle qui a été faite par le peuple, pour le peuple. Sans entrer dans des définitions complexes, c'est celle que l'on jouait dans nos anciennes fêtes populaires à la fin du XIXe et dans la première moitié du XXe siècle.

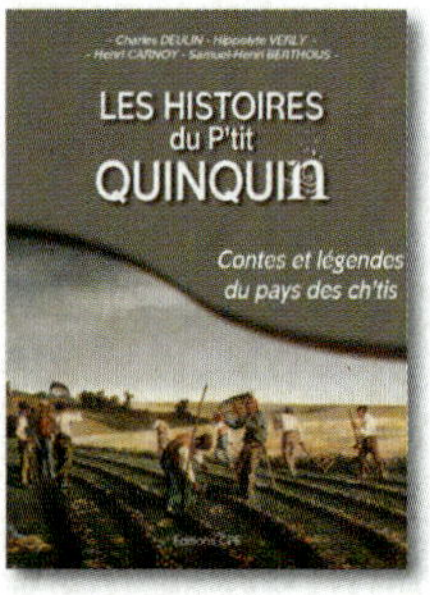


Les contes et les légendes de ce livre trouvent leur origine dans la tradition populaire du Nord. Ils ont pour cadre le monde des hommes au Pays des Ch'tis.

170 X 230
160 pages - Noir

Prix public : ~~19 €~~ **18,05€**

## A paraître en octobre 2012

- CONTES DES PROVINCES DE FRANCE (TOME 2)
- FRANCHE COMTE, LA TRADITION TOUT AU LONG DE L'ANNÉE
- BASSE-NORMANDIE LES CONTES, LÉGENDES, TRADITIONS...
- LA CORSE, LES CONTES POPULAIRES
- LA LORRAINE, LES CONTES POPULAIRES
- LA GASCOGNE, LES CONTES POPULAIRES
- LE BOCAGE VENDÉEN, LES CONTES POPULAIRES

## Au bon temps des Paysans

**en Aquitaine**

SERGE PACAUD

**en Bourgogne**

ALAIN ROBERT

190 X 260
128 pages - 2 teintes
Prix public : ~~23 €~~ **21,85€**

Du début du XXe siècle aux années 1950, la race des paysans, la vraie, l'authentique est en voie de disparition. Si par hasard, vous en croisez encore un spécimen, vous le reconnaîtrez aisément. Jeannot a le pas mesuré d'un homme qui sait attendre, attendre que le blé qu'il a mis en terre germe, attendre que la nature fasse son lent travail, attendre que la vie lui donne son lot de joies et de peines. Ce n'est pas un révolté, peut-être pas un résigné non plus, mais de sa longue communication avec les plantes et les animaux il a tiré les leçons de la vie : naître et mourir sont pour lui aussi naturels que manger ou dormir.

## Les petites histoires de la vieille

**Languedoc**

HERVE BERTEAU

**Pyrénées**

PJ BRASSAC

140 X 225
120 pages - Noir
Prix public : ~~19 €~~ **18,05€**

Des histoires bien malicieuses que seule La vieille pouvait nous restituer. Ces histoires vont vous faire sourire, vous faire peur, et vous faire rêver... C'est une émotion de la simple réalité qui vous est proposée c'est l'homme d'hier et l'homme contemporain qui vous sont rapportés dans ces nouvelles de terroir.

### A paraître en octobre 2012

LES PETITES HISTOIRES DE LA VIEILLE
• ALSACE • BRETAGNE • PAYS NANTAIS • PROVENCE

# Chasse & pêche

**Le chasseur de Braconniers**

140 X 225
144 pages - Noir
Prix public : ~~18 €~~ **17,10€**

Comme l'explique André Germain (Garde de chasse de la fédération du Loir-et-Cher), «Depuis 1951 j'étais tenu de noter chaque jour le compte-rendu de mes activités journalières jusqu'en 1988 date de mon départ en retraite». Quelle bonne idée il a eu là! Grâce à cela voici un ouvrage qui nous livre la vie de la Sologne, de la chasse, des grandes propriétés...

**La belle histoire de la pêche à la mouche**

MIGUEL TOURON

225 X 290
224 pages
4 couleurs
Prix public : ~~34 €~~ **32,30€**

Quel plaisir de cuisiner et de savourer le fruit de sa pêche ! Que cela soit sur les fleuves, les rivières, les lacs, les étangs, ce livre complet et pratique vous propose de découvrir des recettes simples et explicites et des techniques de pêche claires et précises afin de ne pas rentrer bredouille.

**De l'hameçon à l'assiette**

JM GOURBILLON

190 X 260
144 pages
4 couleurs
Prix public : ~~24 €~~ **22,80€**

Premier livre publié en fançais sur l'histoire de la «pêche à la mouche», ce livre rest remarquablement documenté, agrémenté de trés nombreuses illustrations d'époque. Il s'agit d'un récit anticonventionnel qui fait une description extrêmement vivante de l'évolution de cette pêche, d'abord vivrière, puis récréative, depuis la préhistoire jusqu'à nos jours !

**La trompe et le fouet
Venerie d'hier et d'aujourd'hui**

ALAIN PHILIPPE

225 X 290
144 pages
4 couleurs
Prix public : ~~29 €~~ **27,55€**

Un livre magnifique qui présente non seulement les méthodes et les règles d'une chasse ancestrale, mais qui présente aussi les équipages français.

**Le grand livre de la truite
et des salmonidés**

CHRISTOPHE MATHO

225 X 290
192 pages - 4 couleurs
Prix public : ~~29,90 €~~ **28,40€**

Le premier livre en français qui présente l'essentiel des salmonidés que le pêcheur peut rencontrer à travers la planète. Du saumon Ouananiche et du Québec, à l'omble Iwana du Japon, toutes les truites, ombles et saumons du monde sont là. L'auteur a collecté des informations sur les habitudes des poissons auprès de pêcheurs du monde entier, du Canada à la Sibérie, en passant par le Japon et la Scandinavie.

**Vent de secteur est
Le rêve du chasseur de gibier d'eau**

225 X 290
192 pages - 4 couleurs
Prix public : ~~29,90 €~~ **28,40€**

ALAIN PHILIPPE

Que de douces sensations, que de saines et fortes émotions j'ai ressenties à la passée, à la hutte et au gabion, de la baie d'Authie à la baie de Somme, du Mont-Saint-Michel au Sud-Ouest et en Camargue, en passant par les étangs de la Dombes, de la Brenne et de Sologne ! À travers quelques histoires de souvenirs et de récits des anciens, je vous propose de parcourir ensemble ces lieux mythiques...

# Gérard Boutet

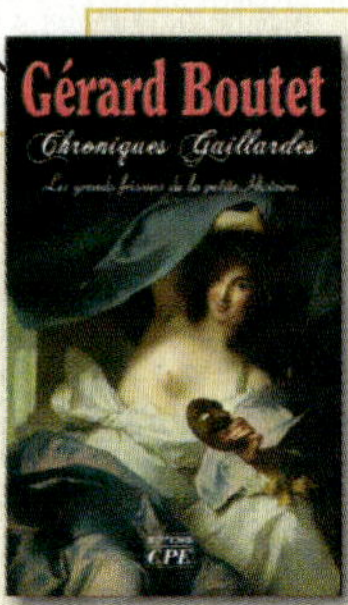


140 X 225
200 pages - Noir
Prix public : ~~20 €~~ **19€**

### Chronique gaillardes

Dans ce volume, le raconteur d'histoires prend un malin plaisir à croquer les fruits oubliés, plutôt qu'à ripailler au banquet de la galerie. Les protagonistes y perdent en munificence ce qu'ils gagnent en véridicité.

### Contes braconnés de sologne

Par ce recueil qu'il a parsemé d'illustrations enjouées, l'auteur des «Gagne-misère» témoigne une nouvelle fois l'attachement malicieux qu'il porte aux petites gens indissociables des émerveillements de son enfance.

140 X 225
320 pages - noir
Prix public : ~~24 €~~ **22,80€**

### Un plein panier de coquecigrues

Au fil de ces récits terrifiants ou cocasses, c'est un lot coutumier de cachotteries, de frayeurs et de joies que le lecteur découvre. Mais nul n'ignore que, sous la fable plaisante, perce souvent une moralité qui vaut une sérieuse leçon.

A paraître en octobre 2012

140 X 225
160 pages - Noir
Prix public : ~~20 €~~ **19€**

### Contes chapardés de la loire

Gérard Boutet, écrivain reconnu, est également un conteur. Ses textes, il aime autant les donner à lire qu'à dire. Sous sa plume se confondent la tradition orale et la littérature populaire, puisque la seconde s'imprègne de la première. Le verbe se compose de la parole et de l'écrit.

# Contes...

A paraître en octobre 2012

ROGER JUDENNE

### Au coin du feu

De La vieille qui savait d'avance au Bois de Trousse-Belle, du Violoneux de Montainville au Panier du curé, du Dernier Cheval au Premier Voyage en automobile, 25 histoires survenues dans les villages de chez nous au doux temps des veillées d'autrefois

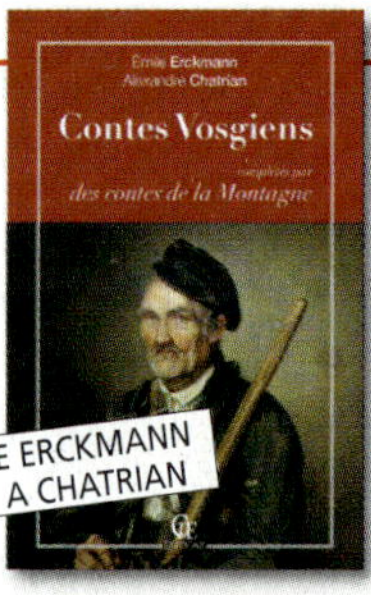


E ERCKMANN
A CHATRIAN

### Contes Vosgiens

Comme la plupart des contes et nouvelles d'Erckmann-Chatrian, les contes rapportés dans ce livre s'inscrivent dans le décor de la Lorraine. Ces contes sont sans doute moins intellectuels que ceux de Nodier, mais ils sont plus authentiques, mieux ancrés dans la réalité folklorique des Vosges...

GEORGES RIAT

### L'âme du pays, mœurs comtoises

L'âme comtoise est une petite gerbe de contes, directement inspirés des histoires du Pays. Entre tradition orale et anecdotes villageoises, c'est la Franche-comté d'autrefois qui reprend vie.

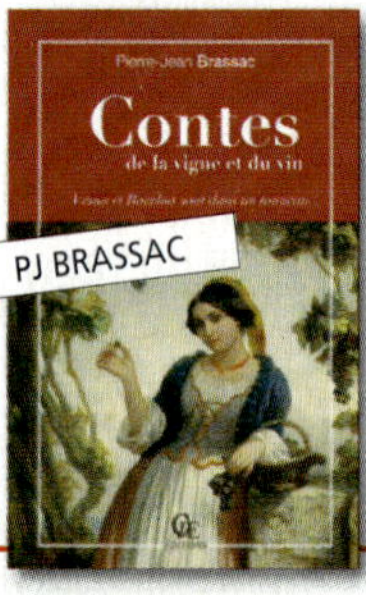


PJ BRASSAC

### Contes de la vigne et du vin

Ce recueil d'histoires savoureuses, tour à tour comiques, émoustillantes, fantastiques et rabelaisiennes, vous invite à parcourir les vignobles de France dans leur saisissante diversité.

140 X 225
144 pages - Noir

Prix public : ~~18,90€~~ **17,95€**

A paraître en octobre 2012

OCTAVE MIREBEAU

### Les lettres de ma chaumière

Les vingt et une nouvelles qui composent le livre dévoilent le réalisme et le pessimisme de Mirbeau et la férocité de ses descriptions, tant du monde paysan que de la bourgeoisie. Les Lettres de ma chaumière sont le pendant des Lettres de mon moulin d'Alphonse Daudet, que Mirbeau avait beaucoup critiqué pour leur côté édulcoré, et pour avoir plagié d'autres auteurs.

### Épis de glane

170 X 230 - 160 pages - Noir
Prix public : ~~22 €~~ **20,90€**

François Barberousse a glané pour nous lecteurs quelques histoires qui ont dû remplir ces soirées au coin du feu : de la Nuit de la Grand-peur à la Pesteaux- Poules et Malochard en passant par la galette gaudelée... où l'on retrouve tout l'univers fantastique, mystérieux, traditionnel de la Sologne et du Berry. Avec ce livre voilà quelques soirées sans télé qui s'annoncent plutôt bien!

A paraître en octobre 2012

170 X 230 - 160 pages - Noir
Prix public : ~~20 €~~ **19€**

### Le loup dans les contes populaires

Christophe MATHO propose ici une sélection de contes populaires dont le loup est le personnage central, sans ambition d'analyse ou de classification. Chacun pourra se livrer à sa propre interprétation sur la place que chaque conte confiait au loup dans l'inconscient populaire.

A paraître en octobre 2012

COLLIN DE PLANCY

170 X 230 - 160 pages - Noir
Prix public : ~~18 €~~ **17,10€**

### Les contes noirs

Ces contes ouvrent le lecteur sur l'intrusion du surnaturel, Il s'agit de récits fantastiques liés à une atmosphère particulière. Le lecteur sera vite saisi par une sorte de crispation due à la rencontre de l'impossible. La peur est souvent présente, on la retrouvera chez le héros, mais aussi chez le lecteur, car l'auteur n'a pas manqué de provoquer l'angoisse chez celui qui parcours ses écrits...

# L'éditeur des terroirs de France

# casse les prix !

| | | | | |
|---|---|---|---|---|
| **Périgord, le bonheur gourmand** | Christian Pénicaud | 2-84503-658-1 | ~~24,00 €~~ | **5,00 €** |
| **Provence, le bonheur gourmand** | Hervé Berteaux | 2-84503-761-8 | ~~26,00 €~~ | **5,00 €** |
| **Auvergne, le bonheur gourmand** | Marie-Laure Baradez | 2-84503-657-4 | ~~24,00 €~~ | **5,00 €** |
| **Les maisons normandes** | Pierre-Jean Brassac | 2-84503-685-7 | ~~23,00 €~~ | **8,00 €** |
| **Les maisons comtoises** | Chloé Chamouton | 2-84503-753-3 | ~~25,00 €~~ | **8,00 €** |
| **Les maisons bretonnes tiez ar vro** | Thierry Jigourel | 2-84503-667-2 | ~~23,00 €~~ | **8,00 €** |
| **Les maisons périgourdines** | Christian Pénicaud | 2-84503-730-4 | ~~23,00 €~~ | **8,00 €** |
| **Les marais de Guérande** | Brice Caharel | 2-84503-764-9 | ~~28,00 €~~ | **10,00 €** |
| **Reflets d'Aveyron** | Véronique Herman | 2-84503-650-5 | ~~32,00 €~~ | **12,00 €** |
| **Fest-noz** | Thierry Jigourel | 2-84503-683-3 | ~~23,00 €~~ | **5,00 €** |
| **Les pardons bretons les fêtes de l'âme** | Thierry Jigourel | 2-84503-684-0 | ~~23,00 €~~ | **5,00 €** |
| **Au bon temps des paysans en Aveyron** | Brigitte Jeune | 2-84503-601-9 | ~~24,00 €~~ | **8,00 €** |
| **Au bon temps des paysans Beaucerons** | Bathilde Simon | 2-84503-740-3 | ~~24,00 €~~ | **8,00 €** |
| **Au bon temps des paysans Berrichons** | M. Rouillard-Echard | 2-84503-741-0 | ~~24,00 €~~ | **8,00 €** |
| **Au bon temps des paysans en Limousin** | Jeannine Berducat | 2-84503-742-7 | ~~24,00 €~~ | **8,00 €** |
| **Les Histoires Charentaises de mon grand-père** | Christian Pénicaud | 2-84503-736-6 | ~~22,00 €~~ | **8,00 €** |
| **Les Histoires Gasconnes de mon grand-père** | Sylvia Robert | 2-84503-763-2 | ~~20,00 €~~ | **8,00 €** |
| **Les Histoires Périgourdines de mon grand-père** | Christian Pénicaud | 2-84503-735-9 | ~~22,00 €~~ | **8,00 €** |
| **Le Chocolat de Bayonne et du Pays Basque** | Marcel Douyrou | 2-84503-766-3 | ~~19,00 €~~ | **8,00 €** |
| **Au plaisir du Foie gras** | Eugénie Lavaud | 2-84503-679-6 | ~~18,90 €~~ | **8,00 €** |
| **Chroniques et faits divers du Loiret** | Serge Vannier | 2-84503-660-4 | ~~19,00 €~~ | **8,00 €** |
| **Maurice Genevoix, entre Loire et Sologne** | Michèle Dassas | 2-84503-656-7 | ~~19,50 €~~ | **8,00 €** |
| **Sur la route Jacques Cœur** | Michèle Dassas | 2-84503-168-8 | ~~17,00 €~~ | **8,00 €** |
| **Chemins de George Sand** | Michèle Dassas | 2-84503-292-7 | ~~20,00 €~~ | **8,00 €** |
| **Chroniques parisiennes au début du XXe siècle** | S. Gueunoun-Genetre | 2-84503-680-2 | ~~22,00 €~~ | **8,00 €** |
| **Croyances et sorcelleries en Bretagne** | Thierry Jigourel | 2-84503-760-1 | ~~24,00 €~~ | **8,00 €** |
| **Sur les chemins de Colette** | Michèle Dassas | 2-84503-746-5 | ~~18,00 €~~ | **8,00 €** |

www.cpe-editions.com